원작 송동훈

연세대학교에서 정치외교학을, 같은 대학 국제학대학원(GSIS)에서 국제정치학을 공부했습니다. 12년 동안 〈조선일보〉 기자로 일했고 2009년 독립해 세계 곳곳으로 여행을 다녔습니다. 기자 시절 키운 날카로운 통찰력으로 역사적 사건들을 재평가하여 새로운 시각으로 바라보고, 그렇게 얻은 지식과 관점을 사람들과 나누고 싶어 역사 콘텐츠 회사 ㈜송동훈을 설립해 강연과 집필 활동을 하고 있습니다. 탁월한 리더가 나타나기를 바라는 마음으로 2014년 신세계그룹과 함께 인문학 프로그램 '지식향연'을 기획했고, 다가올 우주 시대에 대응하고자 2022년 우리나라 첫 우주 미디어 '코스모스 타임즈'를 설립했습니다. 그동안 쓴 책으로는 〈송동훈의 그랜드투어〉(서유럽·동유럽·지중해 편), 〈에게해의 시대〉, 〈대항해시대의 탄생〉, 〈세계사 지식향연〉, 〈제국의 리더십〉이 있습니다.

글 김우람

초등 교과와 연계한 다양한 학습 콘텐츠와 어린이책을 만들고 있습니다. 월간 〈우등생 키즈〉, 〈우등생 과학〉 등에서 기자 및 편집자로 활동했으며, 〈닮고 싶은 창의 융합 인재〉 시리즈와 〈아이스크림 어린이신문〉 등의 편집 작업을 담당했습니다. 〈닮고 싶은 창의 융합 인재 2〉와 〈뭔말 역사 용어 150〉(스토리 작업), 〈벌거벗은 세계사〉 시리즈, 〈어린이를 위한 그랜드투어 1 서유럽〉 등을 썼습니다. 어린이가 존중받는 세상이 되길 꿈꿉니다.

그림 윤재홍

학습 만화 〈우리 속담〉으로 만화 작가 활동을 시작했습니다. 주요 작품으로는 〈뱅글뱅글 100 추리〉와 〈마법천자문 사회원정대〉 시리즈, 〈WOW 세계 문화 역사 지리 탐험대〉 시리즈, 〈LIVE 과학〉 시리즈, 〈히밥 1 아시아 음식〉, 〈어린이를 위한 그랜드투어 1 서유럽〉 등이 있으며, 초등 과학 잡지 〈우등생 과학〉에서 만화를 연재한 이력이 있습니다.

문명 탐험가 송쌤과 떠나는 세계 역사 여행

어린이를 위한
그랜드투어

② 동유럽
독일
오스트리아
러시아

송동훈 원작 김우람 글 윤재홍 그림

아이스크림북스

읽고 상상하고 고민하며
세상에 대한 통찰력을 키울 수 있는 책!

여행, 모험, 탐험처럼 설레고 재미있는 일이 또 있을까요? 그런데 이렇게 즐거운 일들이 공부라고 말하는 책이 나왔습니다. 〈어린이를 위한 그랜드투어〉 시리즈는 문명 탐험가 송동훈 선생님(송쌤)과 신비로운 능력을 지닌 강아지 리키의 그랜드투어에 초등학생 지우와 산이가 우연히 합류하며 시작되는 역사 탐험 여행 이야기입니다.

역사는 단순히 지나간 과거의 일이 아닙니다. 현재는 과거에 벌어진 사건들이 켜켜이 쌓이고 모여서 만들어진 결과입니다.

그래서 역사의 흐름을 따라가다 보면 우리가 사는 지금의 세상을 이해할 수 있죠. 우리가 반드시 역사 공부를 해야 하는 이유입니다.

역사 공부는 과거의 다양한 사건과 인물 속에서 '왜?'라는 질문을 던지고 답을 찾는 지적 모험이기도 합니다. 〈어린이를 위한 그랜드투어〉에서 송쌤은 먼 옛날 '그랜드투어'가 그러했듯 아이들과 함께 역사적으로 유명한 장소로 여행을 떠납니다. 그리고 각각의 장소에서 과거에 어떤 사건이 벌어졌는지 들려주고, 그 일이 지금은 어떤 의미를 지니는지 스스로 생각하게 도와줍니다. 어려운 내용도 여행이라는 수단을 활용하면 훨씬 쉽고 재미있게 이해할 수 있습니다. 어린이 독자들은 세계사적으로 중요한 사건들의 인과관계를 이해하고, 스스로 그 사건의 의미를 찾아내는 경험을 할 것입니다.

세상을 향한 호기심과 상상력이 넘치는 어린이 독자들이 이 책을 통해 통찰력을 키우고 자신만의 그랜드투어를 떠날 수 있기를 바랍니다.

정재승
(KAIST 뇌인지과학과 교수, 〈인간탐구보고서〉·〈인류탐험보고서〉 저자)

모든 여행길엔 인생의
중요한 의미가 숨어 있습니다!

　여러분, 정말 특별했던 잊을 수 없는 여행이 있나요? 새로운 곳에서 보고 듣고 경험한 일 가운데 여러분의 생각을 완전히 바꿔 놓은 기억이 있을까요? 여행에는 그런 힘이 있답니다. 낯선 거리에서 만나는 행복과 때로는 불편한 순간, 처음 보는 풍경 앞에서 느끼는 설렘과 감동, 이 모든 것이 우리를 조금씩 성장하게 만듭니다.

　18세기 유럽의 귀족들은 이런 여행의 가치를 잘 알았습니다. 그래서 자녀들을 무려 6~7년이나 되는 긴 여행에 보내곤 했죠.

당시에는 지금처럼 편리한 교통수단도 없었고, 길도 위험했는데 말입니다. 이처럼 오랜 기간 동안 진행된 여행을 '그랜드투어'라고 불렀습니다. 그들은 학교에서 배우는 것보다 여행에서 더 많은 것을 익히고 성장할 수 있다고 믿었습니다. 무엇보다도 자녀들이 여행을 통해 자신의 가치관과 태도를 확립하고, 삶의 목표를 스스로 세울 수 있을 것이라 확신했죠.

그럼 어떻게 하면 우리의 여행도 그랜드투어가 될 수 있을까요? 저는 모든 여행은 그랜드투어가 될 수 있다고 생각합니다. 어떤 장소든 배울 거리는 반드시 존재한다고 믿거든요. 중요한 것은 스스로 얼마나 준비하고 찾아가느냐, 얼마나 배울 자세를 잘 갖추었느냐예요.

한 가지 방법을 알려 주자면, 역사적 인물을 그랜드투어의 주제로 잡는 거예요. 역사적 인물의 인생에서 우리는 많은 것을 배울 수 있습니다. 모든 사람이 걸어온 삶의 방식이 다른 만큼 어떤 인물을 택하느냐에 따라 배울 거리 역시 무궁무진할 것입니다.

예를 들어 오스트리아의 막시밀리안 황제는 유럽 변방의 작고 가난한 왕조였던 합스부르크 가문을 유럽에서 가장 크고 강력한 제국으로 만들었습니다. 세계적인 예술품 컬렉션을 자랑하는 빈 미술사 박물관도 막시밀리안 황제의 유산이죠. 막시밀리안 황제의 삶을 보며 우리는 준비된 사람만 행운을 잡게 된다는 것을 배울 수 있습니다. 독일의 비텐베르크에 가면 마르틴 루터를 만날 수 있습니다. 불의를 보고 진정으로 분노했을 때, 그리고 이를 바로잡으려고 용감하게 행동했을 때 역사가 어떻게 바뀌었는지 우리는 루터를 보며 알 수 있습니다. 러시아의 노장 미하일 쿠투조프는 전쟁의 신 나폴레옹을 상대로 용감하게 맞섰습니다. 비록 쿠투조프와의 전투에서는 이겼지만, 결국 전쟁에서는 진 나폴레옹의 오만함도 우리에게 교훈을 줍니다.

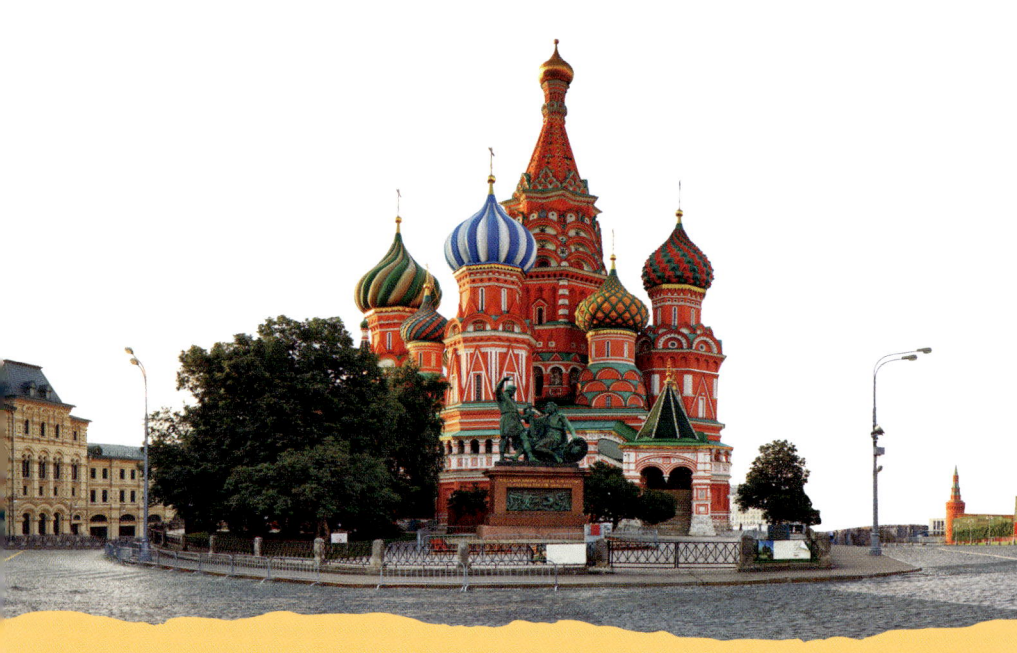

이렇듯 여행의 가장 멋진 점은 우리가 교과서에서 배우는 역사가 어떻게 만들어졌는지, 영웅은 어떻게 태어나는지 등등을 생생하게 배울 수 있다는 것입니다. 그러려면 여행을 가기 전에 꼭 그곳의 역사와 문화를 미리 공부하길 추천합니다. 그러면 여행이 훨씬 의미 있고 재미있어질 테니까요. 이 책이 그 시작이 되어 준다면 정말 기쁠 겁니다.

　모든 여행에는 우리 인생의 특별한 보물이 숨겨져 있습니다. 어떤 보물일지는 여러분이 직접 찾아내야겠죠? 부디 여러분의 그랜드투어에서 눈부신 보물을 찾아내길 바랍니다.

송동훈

차 례

등장인물 • 12
프롤로그 • 14

분단을 극복하고 통일을 이룬 나라 **독일** • 20

`첫 번째 여행지` 비텐베르크 성교회와 마르틴 루터 • 22
　　　　　　　송쌤의 리더스 가이드 • 31

`두 번째 여행지` 전승 기념탑과 비스마르크 • 32
　　　　　　　송쌤의 리더스 가이드 • 41

`세 번째 여행지` 베벨 광장과 히틀러 • 42
　　　　　　　리키의 비밀 다꾸 • 51

`네 번째 여행지` 브란덴부르크 문, 독일 역사의 산증인 • 52
　　　　　　　리키의 비밀 다꾸 • 61

합스부르크가 남긴 위대한 문화의 나라 **오스트리아** • **62**

첫 번째 여행지 미술사 박물관과 막시밀리안 황제 • 64
리키의 비밀 다꾸 • 73

두 번째 여행지 하일리겐슈타트의 숲과 베토벤 • 74
송쌤의 리더스 가이드 • 83

세 번째 여행지 호프부르크 궁전과 프란츠 요체프 • 84
송쌤의 리더스 가이드 • 93

네 번째 여행지 분리파 회관과 클림트 • 94
리키의 비밀 다꾸 • 102

세계에서 가장 큰 동토의 제국 **러시아** • **104**

첫 번째 여행지 붉은 광장, 그리고 미닌과 포자르스키 • 106
송쌤의 리더스 가이드 • 113

두 번째 여행지 보로디노 평원의 나폴레옹과 쿠투조프 • 114
리키의 비밀 다꾸 • 123

세 번째 여행지 겨울 궁전과 니콜라이 2세 • 124
리키의 비밀 다꾸 • 132

네 번째 여행지 상트페테르부르크의 핀란드 역과 레닌 • 134
송쌤의 리더스 가이드 • 143

에필로그 • 144

등장인물

여행은 가장 위대한 스승!

문명 탐험가 송쌤

찬란한 역사와 문명을
꽃피우고 아름다운 예술이
탄생한 현장으로 아이들을
안내하는 '문명 탐험가'.
어딘가 신비롭고 미스터리한 구석이 있는,
'그랜드투어'의 가이드이자 선생님이자 탐험 대장이자
작가이자 든든한 보호자이다. 의문의 생명체 리키와 함께 다닌다.

리키

12년 전 송쌤이 여행하던 중 만난 의문의 생명체.
첫 만남 이후 계속 송쌤을 따라다닌다.
리키는 '차원의 문'을 여는 놀라운 능력을
지녔는데, 송쌤은 이를 '영역 표시'라 부른다.
리키가 영역 표시를 한 문을 열면 거기가
어디든 송쌤이 원하는 곳으로 이동할 수 있다.

사실 내 진짜 정체는
지구 문명을 배우기 위해
다른 행성에서 지구별로
그랜드투어를 온 여행자다옹.

지구에 온 이후 송쌤에게
배운 내용을 모두 다이어리에
기록하는 중이다옹! 후후.

홍지우

역사에 관심이 많고 매사에
똑 부러지는 여학생.
낙관적이고 용감하며 누구도 못 말리는
직진 본능의 소유자이다. 남을 웃기는 일에
진심인 편이며 지금까지 단 한 번도 이긴 적
없는 동네 야구단 '꿀벌스'의 에이스이다.

남산

장난꾸러기처럼 보이는 첫인상과는
달리 신중하고 마음이 여리다.
지우와는 아주 어릴 때부터 같은
동네의 단짝이자 라이벌로 자랐다.
지우가 뭔가를 하면 일단 같이 하고
보는 탓에, 지우를 따라 야구를 시작한 지
1년 만에 꿀벌스의 4번 타자가 되었다.

분단을 극복하고 통일을 이룬 나라

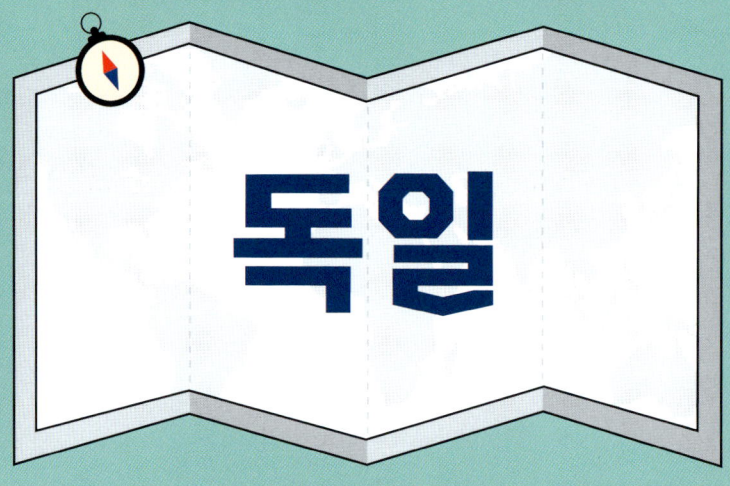

독일

    19세기 중반까지만 해도 여러 군주국과 도시 국가로 분열되어 있던 독일은 어떻게 통일을 이룩하고 강력한 나라로 성장했을까요? 또 두 차례 세계 대전으로 극심한 대립과 갈등을 겪으면서도 이를 극복하고 재통일을 이룩한 비결은 무엇일까요? 종교 개혁의 발상지인 비텐베르크, 처참했던 전쟁의 기억과 화해의 과정이 고스란히 남아 있는 베를린을 돌아보면서 독일 역사의 *흥망성쇠를 한눈에 살펴보도록 해요.

***흥망성쇠** 흥하고 망함과 성하고 쇠함.

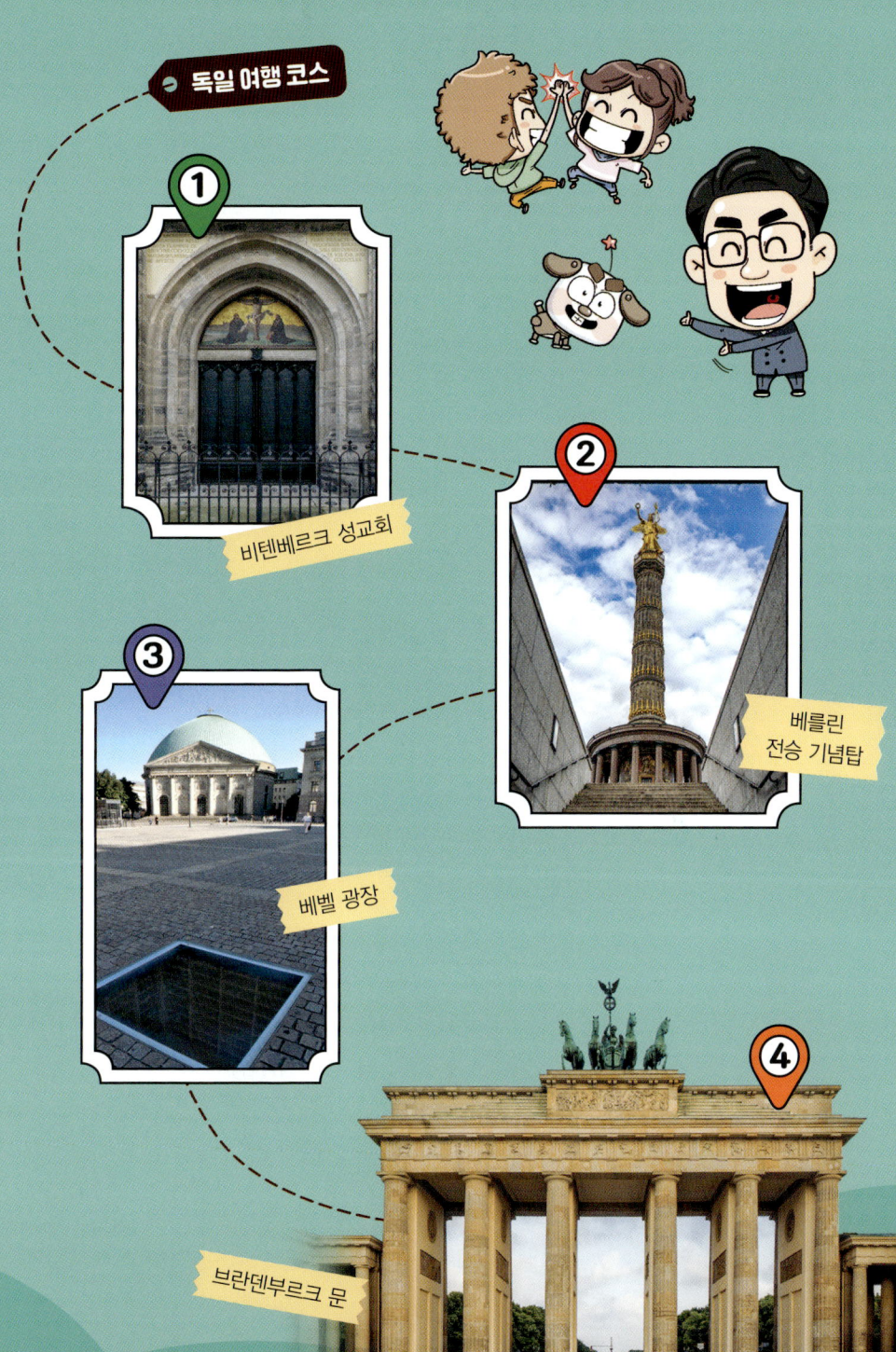

비텐베르크 성교회와 마르틴 루터

첫 번째 여행지

독일 비텐베르크는 베를린에서 100 km 정도 남쪽에 자리한 작은 공업 도시입니다. 비텐베르크를 첫 여행지로 선택한 건 유럽 역사의 흐름을 바꾼 결정적 사건이 바로 이곳에서 일어났기 때문이에요. 이 도시의 공식 명칭은 '루터슈타트 비텐베르크'인데, '루터의 도시 비텐베르크'란 뜻입니다.

 루터? 어디서 많이 들어 본 이름인데.

 아, 마르틴 루터! 종교 개혁을 이끌었다던 그 사람이죠?

맞습니다. 지난번 그랜드투어 때 바티칸의 성 베드로 대성당에서 한 번 언급했는데 기억하고 있군요! 16세기 초 **마르틴 루터**는 가톨릭교회와 성직자들의 잘못을 지적하고 비판한 글을 독일의 한 교회에 내걸었고, 이는 결국 **종교 개혁**으로 이어졌습니다. 그때 루터가 쓴 글을 내걸었던 곳이 바로 여러분 눈앞에 있는 **비텐베르크 성교회**랍니다. 교회의 청동 문에 빼곡하게 새겨 있는 글은 당시 루터가 썼던 **〈95개조 반박문〉**을 그대로 옮겨 놓은 거예요.

와, 정말 많이도 지적했네요! 화가 진짜로 많이 났던 모양이야.

그런데 평범한 수도사이자 신학자였던 루터는 왜 교회에 분노했을까요? 또 그가 쓴 글은 어떻게 유럽 전역으로 퍼져 종교개혁으로 이어졌을까요? 이 내용을 자세히 알아보죠.

"면벌부 사세요!"

수도사 시절의 마르틴 루터.

마르틴 루터는 1483년 11월 독일에서 태어났어요. 원래 루터는 아버지의 뜻에 따라 대학에서 법학을 공부했어요. 하지만 한 사건을 계기로 삶의 방향이 완전히 바뀌었지요.

1505년 7월, 집에서 대학으로 가던 길이었어요. 비가 세차게 내리고 천둥과 번개가 치는데, 루터 바로 옆으로 무시무시한 벼락이 떨어졌어요. 루터는 어둠 속에서 번쩍이는 번개를 보며 두려움과 함께 신의 존재를 느꼈다고 해요. 그 순간 루터는 바닥에 납작 엎드려 이렇게 외쳤어요.

"도와주세요. 성 안나여! 그러면 수도사가 되겠습니다!"

이후 루터는 아버지가 반대하는데도 즉시 대학을 중퇴하고 규율이 매우 엄격하기로 유명한 아우구스티누스 수도회에 들어갔어요. 그곳에서 루터는 금식과 기도, 순례 등을 하며 그 누구보다 열심히 생활했고, 1507년에 사제가 되었지요. 그로부터 5년 후 루터는 비텐베르크대학교에서 신학 박사 학위를 받아 신학 강의를 시작했어요. 이 무렵 루터는 성경 연구에 전념하며 '어떻게 하면 구원받을 수 있을까?'를 깊게 고민하고 있었답니다.

그런데 이 시기 유럽의 가톨릭교회는 문제가 많았어요. 성직자들이 가난한 사람을 외면하고 사치스러운 생활에 푹 빠져 있었거든요. 성직을 돈으로 사고팔았고 권력 다툼을 벌이기도 했죠. 심지어 당시 교황이던 레오 10세는 성 베드로 대성당을 짓는 데 필요한 공사비를 모으려고 **면벌부**를 판매했습니다.

돈을 내면 죄를 용서받을 수 있다니, 지금은 당연히 말도 안 되는 소리라고 생각하는 사람이 많을 거예요. 하지만 당시 사람들은 교황의 말을 믿을 수밖에 없었답니다. 16세기는 종교가 이성이나 과학 위에 군림하던 시기였거든요. 사람들은 살면서 지은 죄 때문에 죽은 다음에 받아야 하는 형벌을 두려워했고, 가톨릭교회에서는 이를 악용해 성경 구절을 마음대로 왜곡해 가며 일반 신도에게 면벌부를 팔았습니다.

1515년에 시작된 면벌부 판매는 1517년에 절정에 달했어요. 성직자 수백 명이 면벌부 판매에 동원되었죠. 특히 도미니쿠스 수도회의 요한 테첼이라는 수도사는 면벌부 판매로 명성이 자자했어요.

그는 면벌부를 사면 과거에 지은 죄뿐만 아니라 앞으로 지을 죄도 용서받을 수 있다며 사람들을 꼬드겼어요. 또 돈만 많이 내면 돌아가신 부모나 친척의 죄도 사면받을 수 있다고 주장했죠.

마르틴 루터는 교회의 이런 행태에 크게 분노했습니다. 루터는 구원은 선행이 아니라 믿음으로만 얻는다고 믿었거든요. 또 교황에게는 인간의 죄를 용서하고 구원할 권한이 없으며, 면벌부를 사고파는 일은 오히려 죄를 짓는 일이라고 생각했죠.

1517년 10월 31일, 루터는 자신의 이런 생각을 담아 교회와 성직자들의 잘못을 지적한 〈95개조 반박문〉을 비텐베르크 성교회 정문에 써 붙였어요. 교회의 권위에 정면으로 도전한 것이죠.

〈95개조 반박문〉에서 시작된 종교 개혁

사실 루터가 〈95개조 반박문〉을 쓴 건 교회를 설득하고 잘못을 바로잡으려는 목적이었어요. 그런데 교회의 부정부패와 면벌부 판매에 분노한 사람이 루터뿐만은 아니었던 모양이에요. 루터가 쓴 반박문은 곧 독일 전역에 뿌려졌고, 채 몇 달도 지나지 않아 순식간에 유럽 전역으로 퍼져 나갔죠. 루터의 〈95개조 반박문〉을 읽은 사람들은 루터의 주장에 고개를 끄덕였어요. 루터는 자기도 모르는 사이에 종교 개혁의 선구자가 되어 있었지요.

맞습니다. 교회를 비판하는 목소리가 커지고 루터의 위상이 높아지자 교회는 루터가 이단이라고 공격했어요. 교황은 그를 파문하겠다고 위협하기도 했죠.

하지만 루터는 자신의 신념을 굽히지 않고 교황과 교회에 맞섰어요. 루터의 무기는 말과 글이었어요. 〈선행에 관하여〉, 〈독일 귀족에게 고함〉 등 그가 쓴 책과 문서에는 부패한 교회를 향한 분노와 비판이 가득했어요. 이 시기에 급속도로 발달한 인쇄술 덕분에 루터의 주장이 담긴 문서는 대량으로 인쇄되어 독일 전역으로 퍼졌답니다. 농부, 상인, 학생 할 것 없이 수많은 사람이 루터를 응원했고, 그의 설교를 직접 듣고 배우려는 사람들이 비텐베르크로 몰려들기도 했어요.

교황과 황제 앞에서 자신의 신념을 밝히는 루터.

결국 루터는 1521년 가톨릭교회에서 파문되고 말았어요. 교회에서 추방당한 거예요. 루터는 신성 로마 제국 황제인 카를 5세와 교황 앞에서도 당당하게 교회를 비판했습니다. 자신이 옳다고 확신했기 때문이지요.

교회의 권력이 하늘을 찌르는 시기에 교회에 맞선다는 건 엄청난 용기가 필요한 일이랍니다. 이단으로 낙인찍히면 목숨을 내놓아야 했거든요. 다행히 루터는 지지자들의 도움으로 여러 차례 위협에서 벗어날 수 있었어요. 이후 루터는 바르트부르크성에 숨어 지내며 히브리어, 그리스어로 쓰인 성경을 독일어로 번역하는 일에 매달렸어요.

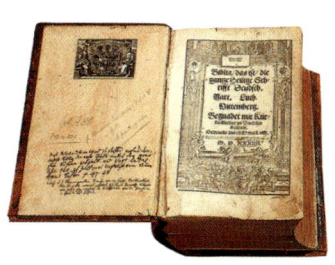

루터가 번역한 성경.

루터가 번역한 성경 덕분에 평범한 사람들도 성경을 읽고 이해할 수 있게 되었답니다. 성직자들이 하느님의 말씀을 독점하고 마음대로 왜곡하는 시대가 막을 내린 거예요.

누구나 성경을 읽을 수 있는 시대가 되자 종교 개혁의 불길은 더욱 빨리 번져 나갔어요. 독일은 물론 유럽 곳곳에서 루터의 교리를 따르는 루터파 교회를 받아들였고, 가톨릭교회에서 분리된 개신교가 생겨났어요. 교황은 개신교가 퍼지는 것을 막으려고 안간힘을 썼지만 시대의 흐름을 되돌릴 수는 없었어요.

1555년에는 종교의 자유가 인정되면서 유럽의 역사는 새로운 방향으로 흘러갔어요. 마르틴 루터의 〈95개조 반박문〉에서 시작된 종교 개혁은 이렇게 유럽 전체를 뒤흔들었답니다.

이야기하다 보니 벌써 시간이 이렇게 지났군요. 이제 다음 장소로 이동해 볼까요? 다음 여행지는 독일의 수도 베를린입니다.

전승 기념탑과 비스마르크

우리가 도착한 곳은 **독일의 수도 베를린**입니다. 베를린은 여러 문화와 역사가 어우러진 유럽의 대표 다문화 도시예요. 자유롭고 다양성을 존중하는 분위기 덕분에 전 세계 예술가와 젊은이가 베를린으로 몰려들고 있죠.

 오오, 베를린은 '힙'한 도시였구나! 마음에 들어!

베를린은 과거 프로이센 왕국의 수도였어요. 19세기까지만 해도 지금의 독일 지역은 크고 작은 나라 수십 개로 나뉘어 '독일 연방'을 이루고 있었어요. 독일 연방은 1871년이 되어서야 프로이센 왕국을 중심으로 통일되었답니다.

그 과정에서 프로이센 왕국이 덴마크, 오스트리아, 프랑스와 치른 세 차례 전쟁은 독일이 통일되는 데 결정적인 역할을 했어요. 우리 눈앞에 보이는 이 거대한 **전승 기념탑**은 프로이센 왕국이 전쟁에서 승리한 것을 기념하려고 만든 조형물입니다. 1873년에 완공된 탑의 기단에는 프로이센 군대의 모습이 새겨져 있고, 꼭대기에는 금빛 승리의 여신 빅토리아가 날개를 펼친 채 위풍당당하게 서 있죠.

그런데 독일 연방에 속한 작은 나라 프로이센은 어떻게 주변의 강대국을 물리치고 독일을 하나로 통일했을까요? 이 이야기를 할 때 빼놓을 수 없는 인물이 있어요. 바로 프로이센 왕국의 재상인 **오토 에두아르트 레오폴트 비스마르크**입니다.

철혈 재상의 등장

오토 에두아르트 레오폴트 비스마르크의 초상화.

비스마르크는 1815년 프로이센 지방의 귀족 집안에서 태어났어요. 대학에서 법학을 공부한 그는 공무원으로 일하다가 1847년 프로이센의 의원으로 선출되면서 본격적으로 정치가의 길로 들어섰지요.

이 무렵 독일 연방에서는 통일 운동이 활발하게 진행되고 있었는데, 통일 방식을 두고 서로 대립 중이었어요. 그중 하나는 오스트리아를 포함해 독일어를 사용하는 여러 민족과 그 영토를 통합하여 국가를 건설하는 방법이었고, 다른 하나는 오스트리아를 배제하고 프로이센을 중심으로 독일을 통일하는 방법이었어요. 전자는 대독일주의, 후자는 소독일주의라 불러요.

 비스마르크는 프로이센 출신이니까 소독일주의를 지지했겠네요?

딩동댕! 비스마르크는 소독일주의를 적극적으로 주장했고, 1862년 프로이센의 재상으로 임명되자 자기 생각을 거침없이 행동으로 옮겼어요. 프로이센을 중심으로 통일하려면 강한 군사력이 필수라고 생각한 비스마르크는 의회에서 이렇게 소리쳤답니다.

여기에서 말하는 철은 무기, 피는 병사들의 희생을 의미해요. 통일이라는 목표를 달성하는 데 전쟁도 불사하겠다는 강력한 의지를 보인 거죠. 비스마르크는 군대 개혁에 반대하는 의회를 무시한 채 독단적으로 군비를 확장했고, 군대 개혁을 추진해 나갔어요. 사람들은 그를 **철혈 재상**이라고 부르기 시작했답니다.

1863년, 착실하게 군사력을 키우던 비스마르크에게 프로이센의 힘을 보여 줄 절호의 기회가 찾아왔어요. 덴마크가 독일인이 많이 살고 있는 슐레스비히와 홀슈타인 지역을 자신의 영토라고 선언한 거예요. 프로이센은 오스트리아와 함께 군대를 파견해 덴마크를 물리쳤답니다.

　프로이센은 여기에 그치지 않고 이번엔 오스트리아와 전쟁을 하려고 준비했어요. 독일 연방의 주도권과 통일 방안을 두고 두 국가 사이에 갈등이 깊어졌거든요. 비스마르크는 먼저 이탈리아를 같은 편으로 끌어들였고, 강대국이던 프랑스의 중립을 약속받았어요. 이웃 국가들이 전쟁에 개입하지 못하도록 외교력을 발휘한 거죠.

　1866년, 마침내 전쟁이 시작되었어요. 독일 연방을 주도하던 두 국가의 충돌이었죠. 오스트리아는 프로이센의 신식 무기와 철도를 이용한 신속한 작전에 밀려 불과 7주 만에 백기를 들고 말았어요. 이 전쟁에서 패배한 오스트리아는 독일 연방에서 완전히 제외되었답니다.

오스트리아군과 전투하는 모습을 지켜보고 있는 비스마르크.

독일 제국의 탄생

전쟁 이후 프로이센은 독일 북부에 있는 중소 국가 22개를 하나로 합쳐 '북독일 연방'을 결성했어요. 북독일 연방은 헌법과 중앙 권력을 갖춰 한 국가나 다름없었죠. 반면에 독일 남부의 국가들은 여전히 정치적 독립을 유지했답니다. 그러니까 완전한 통일은 아니었고 절반의 통일이라고 할까요?

사실 독일 통일의 가장 큰 걸림돌은 이웃 나라인 프랑스였어요. 당시 유럽의 최강국이던 프랑스는 프로이센을 중심으로 통일한 독일이라는 새롭고 강력한 국가의 탄생을 경계하고 있었어요. 그래서 독일 남부 국가에 사사건건 간섭하면서 독일을 분열시키려고 했죠.

 어휴, 왜 그렇게까지 하는 거람?
정말 다들 속이 시커멓다니까!

    프랑스의 속셈을 간파한 비스마르크는 언젠가 프랑스와 충돌이 벌어질 것을 예견했고, 만반의 준비를 하며 때를 기다렸어요. 그러다 1870년 7월, 스페인의 왕위 계승 문제를 둘러싼 프로이센과 프랑스의 갈등이 외교 분쟁으로 번지더니 결국 전쟁으로 이어졌답니다. 선전포고를 한 쪽은 프랑스였어요.

    하지만 프랑스는 전쟁을 치를 준비가 전혀 안 되어 있었어요. 내부에서는 의회가 반대해 군대 개혁에 실패했고, 전쟁터에서 활용할 수 있는 군사 지휘나 전술 체계도 제대로 잡혀 있지 않았거든요. 반면 프로이센은 오스트리아와의 전쟁에서 그랬듯이, 산업 혁명 이후 발전한 철도를 활용해 병력을 빠르게 이동시키며 순식간에 프랑스 국경을 돌파했지요.

    여기에 더해 프로이센에는 비장의 무기도 있었답니다. 바로 **크루프 대포**였어요. 프로이센의 크루프사가 만든 이 대포는 1867년 파리 만국 박람회에서 처음 공개되었습니다. 당시에도 엄청난 관심과 인기를 끌었죠. 하지만 불과 3년 뒤 크루프 대포가 프랑스를 공격하는 핵심 무기가 될 줄은 아무도 예상하지 못했답니다. 프랑스 파리에서 선보인 무기가 프랑스를 위협하는 무기가 되었으니, 참 아이러니한 일이죠.

　크루프 대포를 앞세운 프로이센은 승승장구했답니다. 프랑스의 국경 지역인 스당에서는 프랑스군 약 10만 명을 포로로 잡았는데, 그중에는 프랑스 황제 나폴레옹 3세도 있었죠. 전쟁이 시작된 지 겨우 두 달 만에 유럽 최강국이던 프랑스를 꺾은 거예요. 프로이센은 이 기세를 몰아 파리까지 진격했고, 결국 전쟁은 프로이센의 승리로 끝났어요.

이후 독일 남부 지역의 모든 국가가 프로이센의 왕을 황제로 하는 독일 제국 수립에 동의했어요. 그리고 1871년 1월 18일, 프로이센의 왕 빌헬름 1세는 프랑스 베르사유 궁전의 '거울의 방'에서 하얀 제복을 차려입은 비스마르크의 축하를 받으며 독일 제국의 황제 자리에 올랐답니다. 비스마르크가 그토록 염원하던 **독일 제국**이 탄생하는 순간이었어요. 비스마르크의 강철 같은 의지와 어떤 희생이라도 감수하겠다는 단단한 각오가 없었다면 독일의 통일은 전혀 다른 방향으로 전개되었을지도 몰라요.

다음 장소는 전승 기념탑에서 거대한 공원을 가로질러 동쪽으로 쭉 걸어가면 나옵니다. 그곳에서는 마음이 무거워지는 이야기를 하게 될 것 같군요. 자세한 건 거기에 가서 설명할게요.

베르사유 궁전 거울의 방에서 황제 자리에 오른 빌헬름 1세.

"현실을 냉철하게 바라보는 힘!"

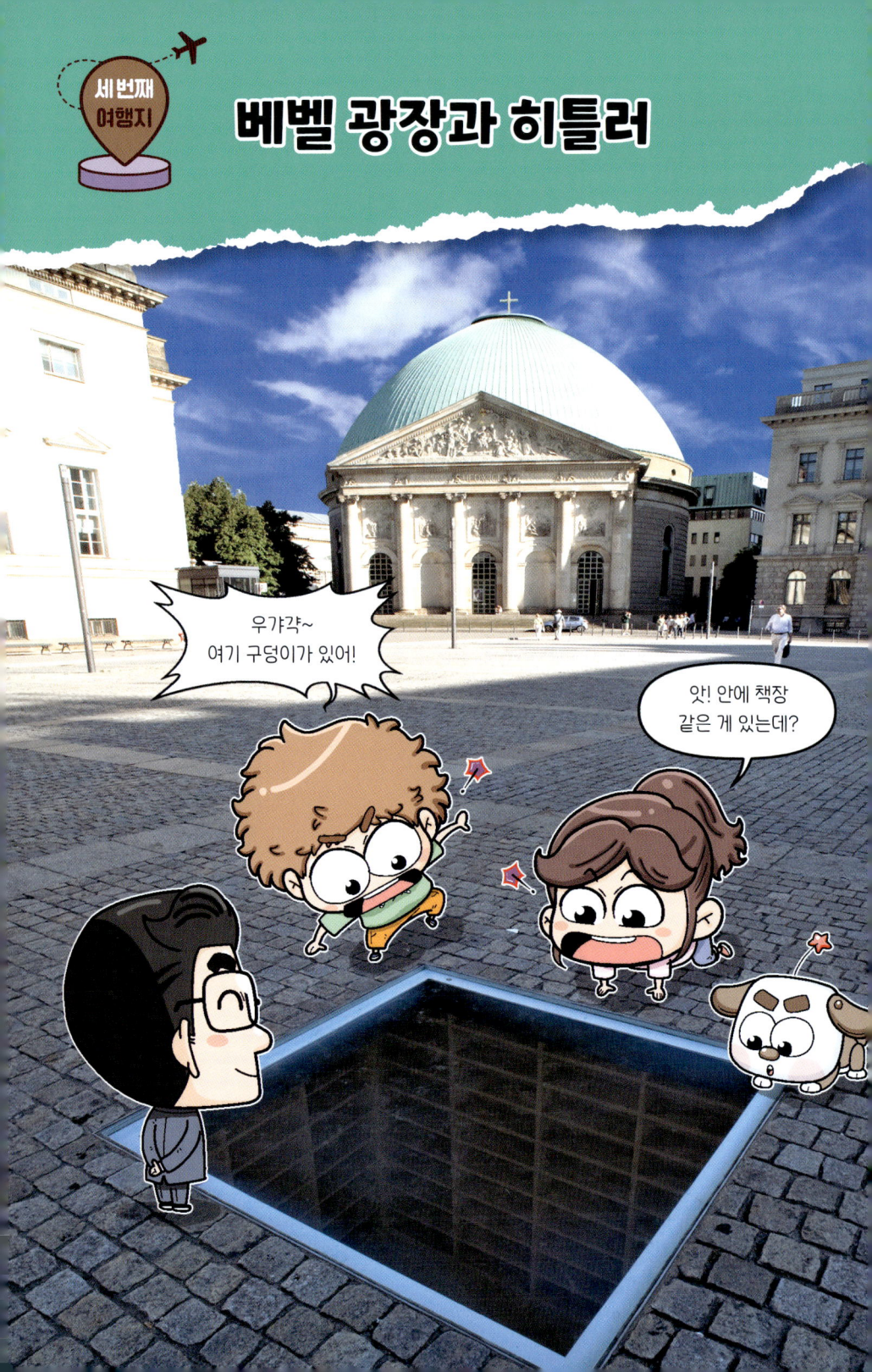

어떤 도시든 그 도시의 중심이 되는 길이 있습니다. 파리에 샹젤리제가 있다면 로마엔 코르소 거리가 있죠. 서울에서는 광화문이나 명동 거리를 꼽을 수 있을까요? 베를린의 중심 거리는 바로 '운터 덴 린덴'입니다. 베를린에 여행을 온다면 반드시 걸어 봐야 할 거리라고 할 수 있죠.

지금 우리가 서 있는 **베벨 광장** 역시 운터 덴 린덴 거리의 한쪽에 있습니다. 베를린 국립 오페라극장과 프로이센 구도서관, 민트색 돔이 인상적인 헤트비히 성당 등 화려하고 위엄을 뽐내는 역사적인 건축물로 둘러싸여 있지요. 그런데 이곳에는 인류 역사상 가장 처참했던 기억을 고스란히 간직한 기념물도 있습니다. 바로 여러분이 지금 보고 있는 텅 빈 서가입니다.

엥? 이게 서가라고요? 책이 한 권도 없는데요?

1933년 5월 10일, **히틀러의 나치 독일**은 베벨 광장에서 도서관의 책을 불태우는 의식을 치렀어요. 그들은 자신들의 사상과 다른 주장을 펼치거나 유대인이 쓴 책은 쓰레기나 다름없다고 생각했고, 이곳에서 책을 불태우는 '책 화형식'을 진행한 거예요. 독일 곳곳에서 이런 의식이 잇따랐고 독일엔 나치를 찬양하고 추종하는 내용이 담긴 책만 남게 되었답니다.

이 텅 빈 서가는 그날 있었던 분서 사건, 즉 책을 불태운 사건을 기억하려고 만든 기념물이에요. 학문과 사상의 자유를 억압한 나치와 그에 따른 지식과 양심의 공백 상태를 상징한다고 할 수 있죠. 하지만 불에 탄 건 책뿐만이 아니었어요. 바로 옆 동판엔 독일의 시인 하인리히 하이네가 1820년에 남긴 구절이 예언처럼 새겨져 있습니다.

그것은 단지 시작에 불과했다. 책을 불사르는 곳에서 결국 인간도 불태워질 것이니.

분서 사건 기념 동판.

　안타깝게도 이 말은 현실이 되었어요. 제2차 세계 대전과 유대인 말살이라는 대재앙은 이곳에서 책이 불탈 때 이미 시작되었지요.

위험한 지도자의 등장

아돌프 히틀러

　제1차 세계 대전이 끝난 뒤 패전국 독일의 경제 상황은 그야말로 최악이었어요. 수년간 이어진 전쟁에 엄청난 자원과 돈을 쏟아부은 데다 막대한 전쟁 배상금까지 물어내야만 했거든요. 경제 대공황까지 전 세계를 휩쓸자 독일 국민의 삶은 날이 갈수록 힘들어졌고, 국민의 분노는 하늘을 찌를 듯했어요. 사람들은 경제적 어려움을 해결해 줄 강력한 지도자가 나타나기만을 애타게 기다렸죠.

　이런 시기에 등장한 사람이 바로 **아돌프 히틀러**예요. 탁월한 연설가였던 그는 지금 독일이 겪는 어려움은 전부 유대인 때문이며, 우수한 독일 민족이 똘똘 뭉쳐 이들을 몰아내면 독일을 다시 강한 나라로 만들 수 있다고 주장했어요. 히틀러는 *선전과 *선동으로 독일 국민의 마음을 단번에 사로잡았답니다.

　1933년 1월에 독일 총리 자리에 오른 히틀러는 나치당을 제외한 나머지 정당을 모두 없애 버렸어요. 독일은 순식간에 히틀러와 나치만 존재하는 독재 국가가 되고 말았죠. 독일의

---

*선전 주의나 주장, 사물의 존재, 효능 등을 많은 사람이 알고 이해하도록 잘 설명하여 널리 알리는 일.
*선동 남을 부추겨 어떤 일이나 행동에 나서도록 함.

모든 권력을 손에 쥔 히틀러는 '한 명의 지도자, 하나의 정당, 하나의 민족'만 존재하는 완벽한 전체주의 국가를 꿈꿨어요.

전체주의란 국가나 민족을 개인보다 우위에 두는 사상을 말해요. 쉽게 말해 전체의 발전을 위해서라면 개인의 자유를 억압하거나 통제할 수 있고, 개인은 국가를 위해 희생하고 무조건 충성해야 한다는 생각이죠. 히틀러와 나치를 추종하는 사람들이 베벨 광장에서 책을 불태운 것도 이런 전체주의 사상에 사로잡혔기 때문이에요. 히틀러는 자신이 꿈꾸는 세상을 만들기 위해 신문과 방송 등의 언론은 물론, 사람들의 말과 행동까지 철저하게 감시했어요.

 으으, 자기와 의견이 다른 사람의 입을 틀어막겠다는 거네요! 그런데 사람들은 왜 전체주의에 혹한 거예요?

가장 큰 이유는 살기가 좋아졌기 때문입니다. 히틀러는 독재 국가를 잘 운영하려면 사람들을 현혹해야 한다는 점을 잘 알고 있었어요. 그는 고속 도로나 비행장 같은 대규모 건설 사업을 진행하고, 제1차 세계 대전 이후 멈췄던 무기 공장을 다시 가동해 일자리를 제공했어요. 이렇게 국가가 모든 것을 관리하고 통제하자 독일 경제는 빠르게 살아나기 시작했죠. 당시 독일 사람들이 왜 히틀러의 말이라면 무조건 믿고 따랐는지 알겠죠?

 전쟁 후 최악이었던 경제가 나아지니 사람들은 히틀러의 말을 전적으로 믿어버렸군요….

독일은 완벽하게 되살아난 경제력과 우수한 과학 기술에 힘입어 군사력을 급속도로 회복했답니다. 히틀러는 이제 외부로 눈을 돌렸어요. 우수한 독일 민족이 유럽 전체를 다스려야 한다고 생각한 그는 주변 국가로 침략의 손길을 뻗기 시작했어요.

1939년 9월 1일, 나치 독일이 폴란드를 공격하면서 제2차 세계 대전이 시작되었어요. 전쟁 초반에 독일은 무서운 속도로 유럽의 각 나라를 점령해 나갔어요. 하지만 여러분도 잘 알고 있듯 처칠을 중심으로 똘똘 뭉친 영국이 저항하고 미국이 참전하여 결국 나치 독일은 항복할 수밖에 없었답니다. 1945년 4월, 히틀러는 베를린 지하 벙커에서 스스로 목숨을 끊었어요.

반유대주의와 나치의 만행

히틀러는 독일의 총리가 되기 전부터 거짓과 적대감으로 가득한 선동적인 연설을 하여 유대인을 '공공의 적'으로 만들었어요. 생활고에 시달리던 독일 사람들의 분노를 유대인에게 돌림으로써 불만을 잠재운 거예요.

히틀러가 총리가 된 이후에는 유대인을 본격적으로 탄압했어요. 유대인 상점 불매 운동을 벌였고, 유대인과 독일인 간의 결혼을 금지하고 투표권도 박탈하는 '뉘른베르크법'을 제정하기도 했죠. 하지만 이는 시작에 지나지 않았어요.

전쟁이 진행되는 동안 나치가 점령한 지역에서는 아주 끔찍한 범죄가 자행되었어요. 1941년 여름, 히틀러는 유대인 문제의 '최종 해결'을 명령했어요. 이것은 유대인 학살을 의미해요.

아우슈비츠 강제 수용소의 유대인들.

 그해 가을부터 아우슈비츠, 헤움노, 트레블링카 등 강제 수용소 6곳에서 독가스를 사용한 대량 학살이 시작되었어요. 나치의 대량 학살은 전쟁이 끝날 때까지 계속되었고, 무려 600만 명에 이르는 사람이 단지 유대인이라는 이유만으로 목숨을 잃었어요.

 600만 명이라고요? 세상에….
어떻게 인간이 그런 일을 저지를 수 있죠?

 유대인 학살뿐만 아니라 제2차 세계 대전 내내 전 세계 곳곳에서 수많은 사람이 목숨을 잃었어요. 약 1억 명이나 되는 군인이 전쟁에 동원되었고, 희생자는 5,000만 명에 달한다고 해요.

저는 베벨 광장에 올 때마다 이런 질문을 해 봅니다. 책을 불태울 때 이미 대재앙은 시작된 거라고 말했지만, 정말 그럴 수밖에 없었을까요? 인간은 한없이 잔혹해질 수 있는 존재일까요?

역시 그랜드투어 멤버다운 씩씩한 대답입니다! 저도 여러분과 같은 생각입니다. 물론 참혹한 역사를 떠올리면 마음 한구석이 무거워집니다. 하지만 그럴지라도 우리가 이곳을 찾는 이유는, 다시는 이런 아픈 역사를 되풀이하지 않기 위해서입니다. 이는 전쟁을 일으킨 독일 사람들뿐만 아니라 우리 모두가 반드시 기억해야 할 교훈입니다.

이제 분위기를 바꿔 볼까요? 다음 장소는 브란덴부르크 문입니다!

홀로코스트 메모리얼

리키의 비밀 다꾸

리키의 지구별 추천 도서

「안네」의 일기

안네 프랑크

1929년 6월 12일 독일 출신 유대인 소녀 안네 프랑크는 열세 살 생일 선물로 일기장을 받았어. 안네는 일기장에 '키티'라는 이름을 지어 주고, 마치 친구에게 말을 걸듯 일기를 써 내려갔어. 그러니까 이런 식이지.

"생일날, 테이블 위에 놓여 있는 너를 보았어."

안네는 아버지가 마련한 좁은 은신처에 숨어 지내면서 자기 눈으로 본 세상과 나치의 만행, 전쟁에 대한 두려움, 이성에 대한 호기심, 미래에 대한 희망 등을 일기장에 자세하게 기록했어.
하지만 1944년 8월 4일 나치의 비밀경찰에게 은신처가 발각되면서 안네는 유대인 강제 수용소로 끌려갔어. 다음 해 안네는 장티푸스에 걸려 목숨을 잃었어. 안네는 세상을 떠났지만, 〈안네의 일기〉는 지금까지 남아 많은 사람에게 읽히고 있어.
안네는 일기장에 이런 말을 쓰기도 했어.

"종이는 사람보다 더 잘 참고 견딘다."

안네 프랑크가 숨어 지내던 은신처의 비밀 입구

브란덴부르크 문, 독일 역사의 산증인

독일 그랜드투어의 마지막을 장식할 장소는 운터 덴 린덴이 끝나는 지점에 있는 **브란덴부르크 문**입니다! 정말 웅장하죠?

브란덴부르크 문은 1788년 프로이센의 국왕 빌헬름 2세의 명령으로 세워졌어요. 사람들은 이 문을 통해 베를린 안팎을 드나들었는데, 기둥 6개 사이로 나 있는 5개 길 중에서 가장 넓은 가운데 통로로는 왕족과 일부 귀족만 통과할 수 있었지요.

 저기 문 위에 있는 장식은 뭐람?
누가 마차를 타고 있는 것 같은데요?

쿼드리거라 불리는 청동상입니다. 쿼드리거는 말 네 마리가 끄는 이륜 전차를 뜻해요. 1791년 브란덴부르크 문이 완공되자 빌헬름 2세는 날개 달린 여신이 타고 있는 쿼드리거를 올려 문을 장식했답니다. 쿼드리거를 타고 있는 여신은 원래 평화의 여신 에이레네였는데, 훗날 승리의 여신 빅토리아로 바뀌었죠. 여기엔 재미있는 사연이 있는데, 자세한 건 이따가 설명하도록 할게요. 후훗.

승리의 쿼드리거

그렇다면 저를 포함해 많은 사람이 브란덴부르크 문을 베를린의 상징으로 꼽는 이유는 무엇일까요? 그건 바로 이 문이 세워진 후 200년이 넘도록 이 자리에서 베를린의 역사와 독일의 흥망성쇠를 고스란히 지켜보았기 때문입니다. 한마디로 브란덴부르크 문은 '독일 역사의 산증인'이라고 할 수 있죠. 지금부터 브란덴부르크 문이 지켜본 독일 역사의 주요 장면을 하나하나 살펴보겠습니다.

나폴레옹과 비스마르크 그리고 히틀러까지

브란덴부르크 문이 세워진 지 15년이 지났을 무렵, 뜻밖의 인물이 이 거대한 문을 통해 베를린으로 들어왔어요. 바로 프랑스 황제인 나폴레옹 1세였지요.

1806년 나폴레옹 1세가 이끄는 프랑스군은 예나와 아우어슈테트에서 프로이센군을 물리치고 프로이센의 수도였던 베를린까지 입성했어요. 정복자 나폴레옹은 베를린을 떠날 때 브란덴부르크 문 꼭대기의 쿼드리거를 파리로 가져가 버렸어요. 일종의 *전리품이었던 셈이죠. 프로이센 사람들은 쿼드리거가 없는 브란덴부르크 문을 보며 치욕을 느꼈고 복수를 다짐했답니다.

쿼드리거가 없는 브란덴부르크 문.

　그로부터 8년 후인 1814년, 이번엔 프로이센의 국왕인 프리드리히 빌헬름 3세가 군대를 이끌고 브란덴부르크 문을 통과했습니다. 나폴레옹을 물리치고 파리를 점령한 프로이센군이 베를린으로 돌아온 거예요. 치욕의 상징이었던 브란덴부르크 문이 승리의 상징으로 바뀌는 순간이었죠.

*전리품 전쟁 때에 적에게서 빼앗은 물품.

프랑스에 빼앗겼던 쿼드리거도 제자리로 돌아왔는데, 바뀐 게 하나 있었어요. 전차를 타고 있던 평화의 여신의 손엔 철 십자가와 독수리가 들려졌고 머리엔 월계관이 씌워졌죠. 사람들은 이 여신을 '승리의 여신 빅토리아'라고 불렀답니다.

이후 프로이센은 독일을 통일하는 과정에서 철혈 재상 비스마르크의 활약으로 다시 한번 프랑스를 물리쳤고, 프로이센 군대는 이번에도 브란덴부르크 문을 통해 베를린으로 돌아왔습니다. 그 선두엔 황제 빌헬름 1세와 비스마르크가 있었지요. 이때 브란덴부르크 문은 독일 제국의 상징이 되었답니다.

하지만 승리의 영광은 오래가지 못했어요. 독일 제국이 제1차 세계 대전에서 패하고 말았거든요. 1919년 독일의 대통령 프리드리히 에베르트는 이 문에서 패전하고 돌아오는 군대를 맞이했습니다. 사람들은 이제 브란덴부르크 문을 보면서 패전과 상실, 치욕을 느꼈어요.

브란덴부르크 문은 히틀러와 나치가 독일의 권력을 장악한 이후 다시 시끌벅적해졌어요. 1933년에는 브란덴부르크 문 아래서 히틀러의 총리 임명을 축하하는 퍼레이드가 열렸고, 1939년에는 히틀러의 50회 생일을 축하하는 대규모 퍼레이드까지 열렸죠. 이 시기에 브란덴부르크 문 주위에는 "히틀러!"를 연호하는 소리가 끊이지 않았답니다.

히틀러의 50회 생일 축하 퍼레이드.

 에휴, 생일 파티까지….
브란덴부르크 문이 무슨 자기 집 대문인가? 흥!

분단의 상징에서 다시 평화의 상징으로

제2차 세계 대전에서 독일이 패하면서 히틀러와 나치의 광기와 만행도 끝이 났어요. 그후 히틀러와 나치를 물리치고 베를린에 가장 먼저 입성한 소련군이 폭격과 충격으로 부서진 브란덴부르크 문 꼭대기로 올라가 붉은 깃발을 내걸었답니다. 뒤이어 미국과 영국, 프랑스 등 또 다른 승전국들도 몰려와 열심히 브란덴부르크 문을 들락거렸죠.

전쟁이 끝나고 독일은 동독과 서독으로 나뉘었습니다. 이 중에서 동독은 공산주의 국가인 소련이 관리했고, 서독은 민주주의 국가인 미국과 영국, 프랑스가 관리했죠. 독일의 수도 베를린 역시 동베를린과 서베를린으로 쪼개졌는데, 브란덴부르크 문은 소련이 관리하는 동베를린 지역에 속했답니다.

민주주의 진영과 공산주의 진영이 극심하게 대립하면서 브란덴부르크 문 바로 앞에 동과 서를 나누는 콘크리트 담장이 세워졌습니다. 동독 시민이 서독으로 탈출하는 것을 막기 위해서였죠. 공산주의 체제에서 억압받던 동독 시민에게 브란덴부르크 문과 베를린 장벽은 거대한 감옥과도 같았을 거예요. 브란덴부르크 문은 이제 분단의 상징이자 냉전의 상징이 되었지요.

쿼드리거에 붉은 깃발을 게양하는 소련군.

그리고 1989년 11월 9일, 마침내 베를린 장벽이 무너졌어요. 공산주의 체제가 붕괴하면서 냉전 시대는 막을 내렸고 굳게 닫혀 있던 브란덴부르크 문은 기적처럼 다시 열렸답니다. 동독과 서독 시민들은 서로 끌어안고 환호하며 기쁨의 눈물을 흘렸죠. 그때 사람들은 브란덴부르크 문을 바라보며 평화와 통일, 화합을 떠올렸답니다.

 와, 브란덴부르크 문은 이 모든 역사를 직접 지켜보았던 거군요. 문 아래를 지나간 사람들은 이제 세상에 없는데, 기분이 좀 이상해요.

그렇죠? 1791년 완공된 이후 브란덴부르크 문은 패배의 상징이 되었다가 곧 승리의 상징으로 바뀌었답니다. 하지만 계속된 승리는 오만을 불러왔고, 문은 또다시 대립과 분단의 상징이 되었어요. 시간이 흐른 후 이제는 많은 사람이 이 문을 보고 평화와 화합을 떠올린답니다. 베를린과 독일 역사의 희로애락을 한자리에서 묵묵히 겪은 브란덴부르크 문이 꼭 이렇게 말하는 것 같습니다.

앞으로 이 문은 또 어떤 역사를 지켜보게 될까요? 그 답은 지금 시대를 살아가는 모든 사람에게 달려 있습니다. 독일 여행을 마치고 이제 오스트리아로 이동하겠습니다. 리키야, 부탁해!

역사 속 브란덴부르크 문

독일 역사의 주요 장면에 등장하는 브란덴부르크 문의 사진을 모아 봤어. 지우와 산이는 지금 눈앞에 있는 건물이 200년 전에도 있었다는 게 신기한 모양이야. 우주의 역사에 비하면 200년은 눈 깜짝할 시간보다 훨씬 짧은데 말이지!

1806년
전쟁의 신 나폴레옹의 베를린 입성!

저기 하얀 말을 탄 사람이 나폴레옹인가 봐. 프로이센 사람들은 이 모습을 보고 어떤 생각을 했을까?

1871년
프로이센의 군대가 돌아오다!

프랑스와 벌인 전쟁에서 승리한 프로이센은 독일 제국이 되었어. 문에 걸려 있는 장식이 꼭 크리스마스 선물 같아!

1945년
폐허가 된 베를린 속에서

제2차 세계 대전 막바지에 독일군에 함락된 베를린의 모습이래. 브란덴부르크 문은 그래도 무너지지 않았다!

1961년
베를린 장벽이 생기다!

제2차 세계 대전이 끝나고 독일은 동과 서로 갈라졌어.

합스부르크가 남긴 위대한 문화의 나라

오스트리아

　오스트리아 하면 정말 많은 것이 떠오릅니다. 어떤 사람은 베토벤과 모차르트 같은 위대한 음악가를 떠올릴 테고, 누군가는 유명한 화가와 그들이 남긴 예술 작품을 떠올리겠죠. 역사에 관심이 많다면 유럽에서 가장 오래 지속된 왕가이자 막강한 영향력을 지닌 합스부르크 가문을 떠올리는 사람도 있을 거예요. 지금부터 오스트리아의 수도 빈을 중심으로 이 모든 이야기를 하나하나 살펴보도록 해요.

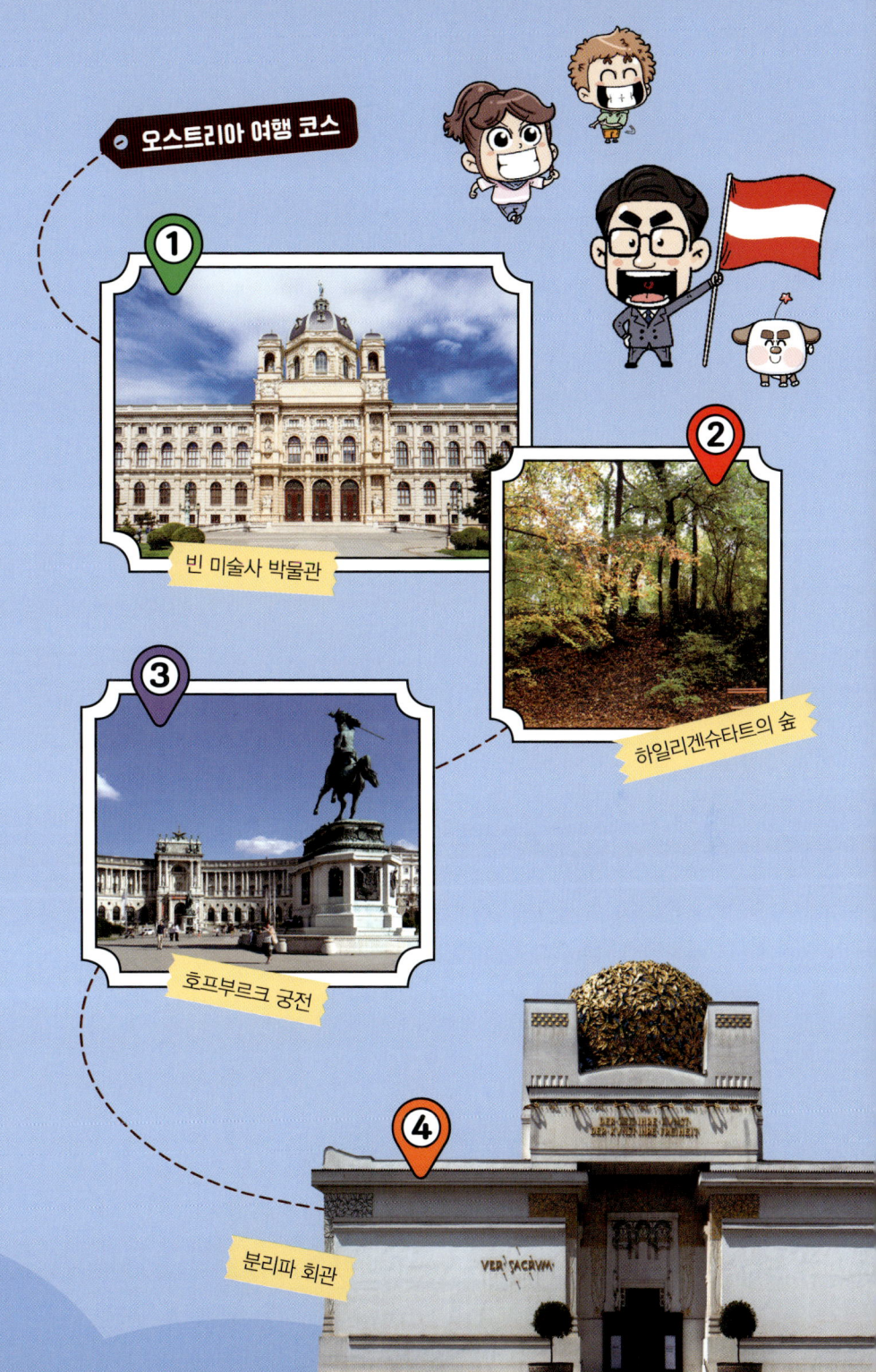

미술사 박물관과 막시밀리안 황제

빈은 여행하기에 정말 좋은 도시입니다. 그윽하고 예스러운 매력이 가득한 건축물이나 관광 명소가 대부분 '링스트라세'라고 하는 순환 도로를 따라 죽 늘어서 있거든요. 이 길을 따라 걷다가 눈에 띄는 명소를 하나하나 들르는 것만으로도 오스트리아와 빈이 자랑하는 역사와 문화를 빠짐없이 즐길 수 있지요.

모든 명소가 그 나름대로 의미가 있지만, 그중에서도 꼭 들러야 할 곳을 하나만 선택하라고 한다면 **빈 미술사 박물관**을 꼽겠습니다. 이 미술관에는 13세기 말부터 20세기 초까지 무려 650년 동안 유럽 최고의 명문가로 이름을 떨친 **합스부르크 왕가**가 수집한 수많은 예술품이 전시되어 있어요.

오스트리아와 독일 작품뿐만 아니라 스페인, 이탈리아, 네덜란드, 헝가리 등 유럽 전역의 훌륭한 예술품이 총망라된 것만 봐도 합스부르크 왕가가 유럽 역사에서 얼마나 막강한 영향력을 행사했는지 알 수 있답니다.

사실 초기의 합스부르크 왕가는 오스트리아와 그 주변 지역을 다스리는 고만고만한 왕가에 지나지 않았습니다. 그런데 **막시밀리안 1세**가 황제에 오른 이후 합스부르크 왕가는 유럽에서 가장 강력한 왕가로 우뚝 서게 됩니다. 이 미술사 박물관에 막시밀리안 1세가 직접 의뢰했다고 알려진 초상화가 있는데요, 잠깐 보고 갈까요?

　아마 설명이 없다면 이 그림의 주인공이 황제라고 생각하는 사람은 별로 없을 겁니다. 하지만 이런 모습이야말로 강력한 제국을 건설하고 지키려고 끊임없이 노력한 막시밀리안 1세의 진짜 모습이라고 할 수 있죠. 그가 어떤 사람이었는지 지금부터 차근차근 살펴볼게요.

합스부르크의 용맹한 기사

막시밀리안은 1459년 3월, 신성 로마 제국의 황제이자 합스부르크 가문의 수장인 프리드리히 3세의 아들로 태어났습니다. 황제의 아들이긴 했지만 막시밀리안이 처한 상황은 녹록지 않았어요. 당시 신성 로마 제국의 실권은 각 지역을 다스리는 제후들이 쥐고 있었고, 주변국인 헝가리와 보헤미아는 점점 세력을 키워 가고 있었거든요. 오스만 제국 역시 동유럽으로 세력을 확장 중이었죠. 반면 프리드리히 3세는 자신의 영지인 오스트리아를 유지하는 것만으로도 벅찼어요. 점성술이나 마법에 푹 빠져 지내기도 했죠.

 에고. 막시밀리안은 가문이 위태로운 상황에서 자랐던 거네요.

그렇다고 할 수 있죠. 하지만 막시밀리안은 아버지와 달리 열정적이고 현실 감각이 뛰어났어요. 첫 번째 기회는 막시밀리안이 열여덟 살 되던 해에 찾아왔어요. 1477년 유럽에서 가장 부유한 지역 중 하나였던 부르고뉴 공국의 샤를 공작이 사망하자, 유럽 왕실의 눈과 귀는 그의 외동딸 마리에게 쏠렸어요. 마리와 결혼하는 사람이 부르고뉴 지역을 차지하게 될 테니까요.

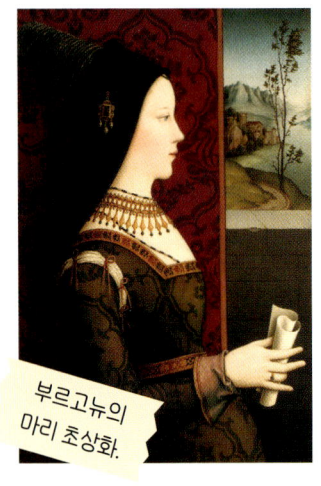

부르고뉴의 마리 초상화.

프랑스 왕 루이 11세는 어린 아들을 마리와 결혼시키려 했지만, 마리가 거부하자 군대를 보내 그녀를 성에 가두어 버렸습니다. 사실 이때 마리는 막시밀리안을 마음에 두고 있었죠. 마리의 소식을 들은 막시밀리안은 즉시 부르고뉴로 달려가 프랑스군을 물리치고 그녀를 구출했고, 두 사람은 결혼했어요. 이로써 막시밀리안은 사랑하는 사람을 지켜 내는 동시에 유럽에서 가장 부유한 지역을 차지했답니다.

그러자 온 유럽은 막시밀리안을 주목하기 시작했어요. 이제 그는 프랑스군을 물리친 용맹한 기사이자, 유럽 최고의 상업 지역을 보유한 황태자가 된 거예요. 그리고 1493년 막시밀리안은 마침내 신성 로마 제국의 황제 자리에 올랐습니다.

행복한 오스트리아는 결혼하라!

한 가문의 수장이자 제국의 황제가 된 막시밀리안 1세는 합스부르크 왕가와 제국의 영향력을 유럽 전체로 확장하기 위해 **정략결혼**을 적극적으로 활용했습니다.

그는 우선 아들 펠리페를 신흥 강국 스페인의 공주 후아나와, 딸 마르가레테를 스페인 왕자와 결혼시켰습니다. 결국 1504년 펠리페가 스페인 왕위를 계승하면서 합스부르크 가문은 스페인까지 통치하게 되었죠.

1515년에는 둘째 손자 페르디난트를 헝가리-보헤미아를 지배하던 가문의 딸과 결혼시켰고, 페르디난트는 훗날 헝가리-보헤미아의 왕이 되었습니다. 막시밀리안은 다른 손자와 손녀들도 유럽의 주요 왕가와 결혼시켜, 3대에 걸친 혼인 정책으로 합스부르크 가문을 유럽 최강의 왕가로 만들었습니다. 그렇다 보니 유럽에서는 한때 이런 말이 유행하기도 했답니다.

 와, 결혼으로 유럽을 지배한 거네! 그런데 결혼한 아들과 손자가 전부 왕이 된 걸 보면 운도 많이 따랐던 모양이네요.

분명히 그런 측면도 있지요. 처음에는 그의 후손들이 왕위를 계승할 가능성이 매우 낮았거든요. 하지만 예상치 못하게 왕이 후손을 남기지 못하거나 후계자가 연이어 사망하는 등, 행운이 겹치면서 합스부르크 가문은 영국과 프랑스를 제외한 유럽의 대부분 지역을 지배하게 되었습니다.

훗날 합스부르크 가문 출신의 왕이 다스리는 제국은 서쪽의 스페인에서 동쪽의 헝가리-보헤미아, 북쪽의 벨기에-네덜란드, 남쪽의 나폴리-시칠리아까지 뻗어 있었습니다. 그러나 이러한 성과는 단순한 행운이 아니라 철저한 노력과 끊임없는 투쟁의 결과였답니다.

막시밀리안 1세는 합스부르크 왕가의 세력과 영향력을 확장하기 위해 1519년 사망할 때까지 오스트리아, 독일, 이탈리아, 네덜란드, 벨기에 등지에서 20차례 넘는 전쟁을 치렀어요. 죽기 2년 전인 1517년에는 무려 27개 도시를 돌며 전장을 누볐지요. 그야말로 생애 대부분을 전쟁 속에서 보낸 황제인 셈입니다.

세상에…. 그땐 비행기나 기차도 없었잖아요. 리키처럼 차원의 문을 열 수 있는 것도 아니고!

하하, 그렇습니다. 그 당시의 나이와 교통 사정을 생각하면 막시밀리안 1세의 일정은 정말 살인적이었다고 할 수 있어요. 10대 후반부터 죽는 순간까지 이 정도 수준으로 일정을 소화했다고 하니, 막시밀리안 1세의 업적을 그저 '운이 좋았다'라고만 평가할 수는 없겠죠.

자, 이쯤에서 앞에서 본 막시밀리안 1세의 초상화를 다시 떠올려 보세요. 황제라고 하기엔 너무나 평범해 보이는 그 초상화는 어쩌면 가문을 일으켜 세우고 제국을 건설하고자 평생을 떠돌아다닌 막시밀리안의 진짜 모습을 묘사한 게 아닐까요? 친구들 생각은 어때요?

오, 설명을 듣고 보니 정말 그런 것 같아요!
저도 꿀벌스의 1승을 위해 치열하게 연습할래요!

행운도 준비된 자에게 찾아오는 법!

쌤! 저기 리키가 문으로 가고 있어요! 곧 영역 표시를 할 건가 봐요!

오, 맞는 말이에요.
'막시밀리안의 치열함'
배지는 지우의 품으로!

합스부르크의 주걱턱

스페인 펠리세 4세
(막시밀리안 1세의 손자의 손자의 아들이다!)

합스부르크 왕가는 결혼을 통해 가문의 영향력을 유지하고 거대한 영토를 지켜 왔어. 그런데 문제는 후대로 갈수록 자손이 잘 태어나지 않거나, 태어난 아이도 정신병을 앓거나 허약해서 일찍 죽는 경우가 많았대.

그 이유는 근친결혼 때문이었어.

가문의 이익을 위해 수백 년 동안 가문 내 가까운 친척과 결혼하다 보니 몇 대에 걸쳐 유전병이 누적된 거지. 근친결혼을 반복해 자식을 낳으면 후대에 유전병과 기형이 나타난다는 과학적 사실을 그때는 몰랐던 거야.

합스부르크 가문에 나타난 대표적인 유전병은 턱이 주걱처럼 길고 끝이 바깥으로 굽는 주걱턱이었어. 세대를 거칠수록 주걱턱의 정도는 더 심해졌다고 해. 특히 스페인의 카를로스 2세는 주걱턱이 심해서 음식을 제대로 씹을 수도 없었고, 대화를 하는 데도 어려움을 겪을 정도였대.
이 외에도 합스부르크 왕가의 자손은 온갖 유전병을 가지고 태어나는 경우가 많았는데, 실제로 스페인 왕실 자녀 중 50%가 열 살 이전에 사망한 것으로 알려졌어.

스페인 카를로스 2세
(막시밀리안 1세의 손자의 손자의 손자다!)

"행복한 오스트리아는 결혼하라!"라는 말은 어쩌면 '합스부르크 왕가의 불행의 시작' 이었을지도 모르겠네.

자~자, 잠시 걸음을 멈추고 조용히 귀를 기울여 보세요. 어디선가 물소리, 바람 소리, 새소리, 나뭇잎 소리가 들려오죠? 고개를 들고 다양한 색으로 물든 나뭇잎과 그 사이로 반짝이는 햇빛도 구경해 보세요. 상쾌한 숲 향기를 맡아 봐도 좋겠지요. 우리 몸의 모든 감각이 활짝 열리는 것 같지 않나요?

여기는 **하일리겐슈타트의 숲**입니다. 하일리겐슈타트는 빈 외곽에 있는 작고 조용한 마을인데요, 한 위대한 음악가의 흔적이 남아 있는 곳이기도 하죠. 그 음악가는 지금 우리가 걷는 이 숲길을 걸으며 영감과 위안을 얻었다고 합니다. 그는 "숲속에 있으면 기쁘고 행복하다."라는 말을 남길 정도로 자연을 좋아했지요. 그 위대한 음악가의 이름은 바로 **루트비히 판 베토벤**입니다. 많이 들어 본 이름이죠?

그 유명한 베토벤이 근처에 살았던 거예요? 그나저나 그랜드투어에서 음악가를 만나는 건 처음이네요!

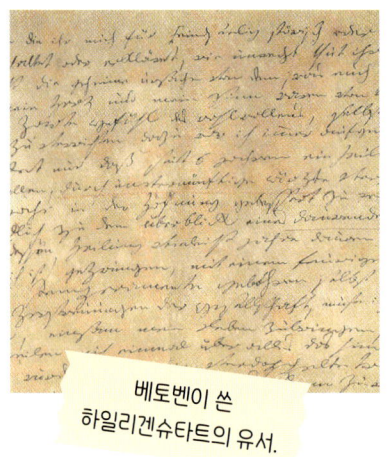

베토벤이 쓴 하일리겐슈타트의 유서.

베토벤은 1802년 하일리겐슈타트에 잠시 머물렀답니다. 이 무렵 베토벤은 귓병으로 고통받고 있었어요. 영영 들을 수 없을지도 모른다는 의사의 말에 요양차 숲속에 있는 이 조용한 마을에 와서 머물렀던 거죠.

하지만 귓병은 나아질 기미가 보이지 않았고, 그는 절망과 불안에 휩싸여 동생들에게 편지를 남기기도 했어요. '하일리겐슈타트의 유서'라고 불리는 편지에는 날로 악화하는 귓병에 대한 절망과 비참함, 동생들에게 전하는 작별 인사, 가혹한 운명에 대한 탄식 등 죽음을 앞둔 베토벤의 솔직하고도 인간적인 마음이 담겨 있어요. 하지만 이게 전부는 아니었답니다. 아이러니하게도 베토벤은 이 유서에서 삶을 향한 강한 의지와 마지막 순간까지 최선을 다하겠다는 예술적 사명을 고스란히 드러내기도 했어요.

절망과 희망, 죽음과 예술 사이에서 베토벤은 어떤 선택을 했을까요? 그가 걷던 숲길을 천천히 걸으며 베토벤에 좀 더 가까이 다가가 보도록 하죠!

'음악의 도시'에서 피어난 재능

베토벤은 1770년 독일의 본에서 태어났어요. 그는 네 살 무렵부터 피아노를 배웠는데, 그의 첫 번째 음악 선생님은 바로 아버지였답니다. 음악가였던 베토벤의 아버지는 어린 베토벤을 아주 혹독하고 엄하게 가르쳤어요. 베토벤은 날마다 눈물을 흘리면서 연습했고, 자다가도 피아노 앞으로 끌려가 연습하는 날도 종종 있었어요.

 너무해! 왜 그렇게 가혹하게 대한 거예요?

아버지의 관심사는 단 하나였어요. 아들을 모차르트와 같은 천재 음악가로 키우고 싶었던 것이죠. 어린 시절 베토벤에게는 음악이 고통 그 자체였을 겁니다.

다행히 궁정 오르간 연주자였던 네페라는 스승을 만나면서부터 베토벤은 재능을 꽃피우기 시작했어요. 열세 살 무렵엔 네페와 함께 궁정 오르간 연주자로 일하며 이름을 알렸죠. 열일곱 살이 되던 해에는 오스트리아 빈으로 음악 여행을 떠나기도 했어요. 그곳에서 당시 유럽 음악계 최고 스타인 모차르트를 만나 즉흥 연주를 선보이기도 했지요.

모차르트가 베토벤의 연주를 듣고 '언젠가 세상을 떠들썩하게 할 것'이라고 말했다는 이야기도 전해져요. 이후 베토벤은 세계적 음악가인 하이든의 눈에 들어 그의 제자가 되었답니다. 1792년, 마침내 고향 본을 떠나 빈에서 생활하게 된 거예요. '음악의 도시'로 명성이 자자했던 빈에서 베토벤은 여러 음악가에게 지도를 받으며 피아노 연주자는 물론 작곡가로서 명성도 쌓아 갔지요.

베토벤의 초상화.

한편 이 무렵 음악가들은 왕실이나 귀족의 주문을 받아 작곡하는 경우가 많았어요. 연주자들은 귀족과 교회의 후원을 받아 생계를 유지했죠. 하지만 베토벤은 자유로운 음악가의 길을 선택했어요. 소수의 특권층뿐만 아니라 평범한 대중도 함께 즐기는 음악을 만들고 싶었던 거예요. 그렇지만 자신만의 음악 세계를 만들어 가는 건 쉬운 일이 아니었어요. 귀족들의 후원이 끊기면 당장 먹고살기가 힘들어질 테니까요.

다행히 빈의 귀족들은 음악가를 대하는 태도가 남달랐어요. 베토벤의 천재성을 일치감치 알아본 빈의 귀족들은 베토벤이 추구하는 새로운 음악 스타일을 존중했고, 그를 거의 영웅처럼 대했어요. 후원 역시 끊이지 않았답니다.

운명에 맞서 싸우다!

베토벤이 빈에서 큰 인기를 얻어 성공의 길을 달리기 시작할 무렵, 뜻밖의 불청객이 찾아왔어요. 귀가 점점 들리지 않게 된 것이죠. 베토벤은 20대 후반부터 귓병을 앓고 있었거든요. 1802년 베토벤은 의사의 충고에 따라 바로 이곳 하일리겐슈타트로 요양갔지만, 사실 베토벤의 귓병은 이미 치료할 수 없는 상태였어요.

 청력을 잃는다는 건 음악가로서 사형 선고나 다름없을 텐데, 얼마나 힘들었을까!

그렇습니다. 소리를 들을 수 없다는 건 음악을 할 수 없다는 것과 같은 의미였을 테니까요. 음악가로서 치명적인 병을 앓게 된 베토벤은 크게 낙담할 수밖에 없었을 겁니다. 그래서 베토벤은 동생들에게 앞에서 본 유서를 남긴 거예요.

하지만 절망과 고통 속에서 베토벤을 다시 일으켜 세운 건 다름 아닌 음악을 향한 열정이었어요. 앞에서도 이야기했듯 베토벤이 서른두 살 나이에 쓴 이 유서에는 베토벤의 고통과 절망뿐만 아니라 삶을 향한 강한 의지도 담겨 있어요. 그가 쓴 유서의 일부분을 잠시 살펴볼까요?

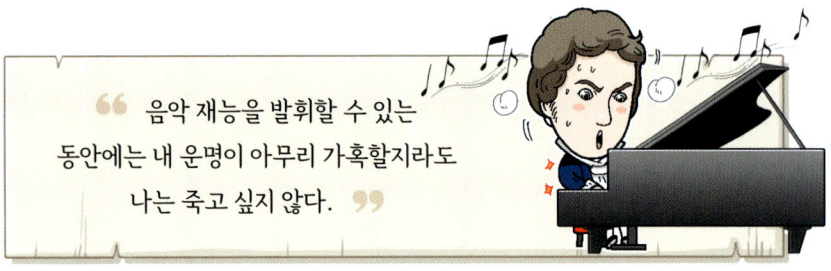

❝ 음악 재능을 발휘할 수 있는 동안에는 내 운명이 아무리 가혹할지라도 나는 죽고 싶지 않다. ❞

삶과 죽음 사이에서 방황하던 베토벤은 자신의 건강 상태를 받아들이고 자신에게 주어진 예술적 사명을 완수하는 일에 마지막까지 최선을 다하겠다고 다짐한 거예요.

실제로 이 시기에 친구 베겔러에게 보낸 편지에는 이런 구절도 적혀 있었답니다.

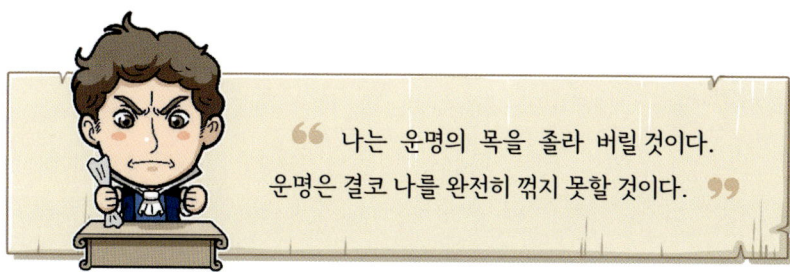

❝ 나는 운명의 목을 졸라 버릴 것이다.
운명은 결코 나를 완전히 꺾지 못할 것이다. ❞

운명에 굴복하기보다는 맞서 싸우겠다는 불굴의 의지를 드러낸 거죠. 베토벤은 다시 오선지와 펜을 들고 창작욕을 불태웠고, 이후 10여 년간 수많은 걸작을 쏟아냈어요. 훗날 사람들은 이 시기를 '걸작의 숲'이라고 불렀답니다. 30대에 만든 작품이 대부분 음악사에 길이 남을 걸작이라서 붙은 이름이지요.

한편 이 시기에 빈의 귀족들은 위대한 음악가인 베토벤을 다른 나라에 빼앗길까 봐 걱정했던 모양인지, 오스트리아의 루돌프 대공과 공작들은 베토벤에게 평생 후원을 약속하기도 했어요. 그때 내건 유일한 조건은 베토벤이 빈 또는 적어도 오스트리아에 머물러 달라는 것이었다고 해요.

베토벤은 1827년 3월 56세 나이로 세상을 떠났어요. 그의 장례식에는 1만 명이 넘는 빈 시민이 참석했어요. 베토벤은 빈 중앙 묘지에 묻혔답니다.

베토벤의 장례식에 모인 사람들.

음악가의 장례식에 저렇게 많은 사람이 모이다니…. 베토벤은 정말 빈 사람들에게 사랑을 많이 받았나 봐.

많은 사람의 바람대로 베토벤은 결국 영원히 빈에 머물게 되었네.

　베토벤은 자신에게 주어진 운명에 맞서며 마지막까지 음악을 만들었어요. 만약 그가 운명에 굴복하고 자포자기했다면 그 유명한 〈운명〉과 〈합창〉처럼 열정과 감동을 불러일으키는 작품을 만나지 못했을 테고, 베토벤은 '음악의 성인'으로 기억되지도 않았을 거예요. 베토벤 이야기는 여기까지 하고 이제 다시 빈으로 돌아가 볼까요? 리키야, 부탁해!

호프부르크 궁전과 프란츠 요제프

여기는 빈 중심에 자리한 **호프부르크 궁전**입니다. 빈의 랜드마크이자 역사와 문화를 한눈에 볼 수 있는 곳이죠. 호프부르크는 역사를 좋아하는 사람이나 예술과 건축을 좋아하는 사람, 호기심 많은 일반 관광객 모두를 만족시킬 수 있는 빈의 필수 관광 코스라고 할 수 있습니다. 사람들은 이곳을 '빈의 심장'이라고 부르지요.

우리는 지금 '빈의 심장'에 도착했습니다!

엄청 중요한 곳이라는 말씀이죠?

그렇습니다! 이 궁전은 합스부르크 왕가의 궁전인데요, 13세기 말에 처음 지어진 이후 1918년까지 합스부르크 왕가의 왕족들은 이 궁전에 머무르며 자신들의 영지인 오스트리아와 신성 로마 제국을 통치했습니다.

약 650년이라는 기나긴 세월 동안 여러 황제가 이곳에 머물렀는데요, 이들은 자신의 권력을 과시하려고 저마다 웅장하고 아름다운 건물을 새로 지었답니다. 이렇게 오랜 시간에 걸쳐 증축과 개축을 거듭한 결과, 호프부르크 궁전은 신고딕, 르네상스, 바로크 등 시대에 따른 다양한 건축 양식이 뒤섞인 '도시 속 도시'가 되었죠.

와, 궁전이 엄청 크다!

멍!

현재 호프부르크 궁전에는 별관 18개, 정원 19개, 방 2,600개가 있답니다. 지금은 오스트리아 대통령의 집무실을 비롯해 박물관과 미술관, 예배당, 도서관, 승마학교 등으로 사용하고 있습니다.

그리고 수많은 방 중에서 일부는 '황실 아파트'라는 이름으로 일반인에게도 공개하고 있어요. 우아하고 품위 넘치는 그 방의 주인은 무려 68년간 제국을 다스린 **프란츠 요제프** 황제입니다. 성실하고 검소했던 프란츠 요제프는 평생 한결같이 일하고 또 일했어요. 하지만 죽은 지 불과 2년 만에 그가 다스린 제국은 역사 속으로 사라졌고, 합스부르크 왕가 역시 몰락하고 말았죠. 대체 무슨 일이 있었던 건지 알아볼까요?

프란츠 요제프는 변화를 싫어해!

프란츠 요제프는 1830년 8월 빈에서 태어났어요. 당시 오스트리아 제국의 황제는 큰아버지 페르디난트 1세였답니다. 하지만 페르디난트 1세에겐 황제 자리를 물려줄 자식이 없었어요. 그래서 프란츠 요제프가 사실상 미래의 황제로 길러졌지요.

프란츠 요제프는 어려서부터 제국의 총리 메테르니히에게 직접 황태자 교육을 받았는데, 메테르니히는 대표적인 보수주의자였어요. 자유와 평등을 내세우는 프랑스 혁명 정신이 유럽에 퍼져 나가는 걸 막으려고 애썼죠.

프란츠 요제프 역시 스승의 보수 성향을 그대로 물려받았어요. 그는 10대에 황제 자리에 올랐는데도 '군주는 신에게 통치권을 부여받

젊은 시절의 프란츠 요제프 황제.

았다'는 생각을 당연하게 받아들였죠. 하지만 이는 혁명 정신이 들불처럼 번지던 당대 유럽의 상황에서 본다면 시대의 흐름을 거스르는 생각이었답니다.

요제프는 이런 생각을 고칠 틈도 없이 18세가 되던 1848년에 갑작스럽게 황제가 되었어요. 그 이유는 바로 혁명이었죠. 프랑스 혁명 이후 '자유주의' 물결이 유럽 전역을 휩쓸며 오스트리아 제국의 수도 빈에서도 혁명이 일어났거든요. 황제는 혁명을 피해 수도를 떠나야 했지요. 600년간 이어진 합스부르크 왕가의 통치가 위태로워지자 페르디난트 1세는 요제프에게 황제 자리를 넘긴 거예요.

새로운 황제 프란츠 요제프는 개혁을 약속했어요. 사람들은 젊고 빛나는 외모를 지닌 황제를 보며 새 시대가 올 거라는 기대감에 한껏 부풀었지요.

사람들이 다시 황실을 동경하기 시작하고 혁명도 서서히 잦아들자 합스부르크 왕가는 다시 예전의 힘과 권위를 되찾았어요. 프란츠 요제프 황제는 제국을 다스리는 일에만 집중했죠.

앞에서도 잠깐 얘기했듯 프란츠 요제프는 '성실 왕'이라고 불러도 될 만큼 부지런한 생활을 유지했답니다. 항상 새벽 4~5시에 일어나 찬물로 목욕하고, 아침을 먹은 후 바로 업무를 시작했어요. 점심도 서재에서 간단하게 먹고 저녁 6시까지 일했죠.

하지만 그는 엄격하고 시대에 뒤떨어진 교육을 받고 자란 탓에 변화를 매우 싫어했어요. 냉정히 말하면 변화에 무지했다고 할 수 있죠. 심지어 자신을 '사도 법통을 이어받은 존엄한 분이시며 우리의 더없이 자비로운 황제이신 프란츠 요제프 1세 폐하'라는, 우스꽝스러울 정도로 길고 엄숙한 호칭으로 부르도록 명하기도 했어요.

아하하. 그런 셈이죠. 게다가 프란츠 요제프 황제는 신하들에게 고마워할 필요가 없다는 듯 막 대했어요. 악의가 있다기보다는 그저 너무나도 당연한 일로 생각했던 거예요. 또 그는 기술의 진보도 매우 싫어해서 전화나 기차, 자동차, 전깃불도 멀리했어요. 호프부르크 궁전에 현대식 화장실을 설치하는 것조차 못마땅해했지요.

변화를 거부한 제국의 종말

변화를 싫어하는 황제의 성향과는 달리, 호프부르크 궁전은 **다양성**을 상징한다고 할 수 있어요. 600년이 넘는 세월 동안 수많은 황제가 건물을 개조하거나 새로 지어 왔으니 당연한 결과이지요. 그리고 다양성은 합스부르크 왕가가 다스리던 제국의 특징이기도 했답니다. 오스트리아 제국 안에는 여러 민족이 살고 있었고 종교도 다양했거든요.

그러나 프란츠 요제프 황제는 이런 제국의 특성과 시대의 변화를 제대로 이해하지 못했고, 당시 유럽을 휩쓴 자유주의 사상도 도무지 이해할 수 없었어요. 이는 오스트리아 제국에 닥친 불행의 가장 큰 원인이 되었답니다.

프란츠 요제프는 처음 황제 자리에 오르며 개혁을 약속했지만, 혁명이 잦아들자 다시 황제의 절대 권력을 주장하며 자유주의자들을 탄압했어요. 아들 루돌프 황태자가 자유주의자와 어울리며 아버지의 통치 방식을 비판하자 프란츠 요제프 황제는 아들에게 나랏일을 전혀 맡기지 않았죠. 황제와 황태자 사이의 갈등은 갈수록 심해졌고, 루돌프는 가문과 제국에 희망이 없다고 생각해 스스로 목숨을 끊었어요. 이 사건은 프란츠 요제프 황제를 깊은 절망의 늪으로 밀어 넣었지요.

하지만 이걸로 끝이 아니었답니다. 엘리자베트 황후는 하나뿐인 아들을 잃고 평생 검은 옷만 입으며 유럽을 떠돌았다고 해요. 그러다 1898년 스위스에서 무정부주의자에게 테러를 당해 목숨을 잃었죠.

검은 옷을 입고 있는 엘리자베트 황후(왼쪽).

1914년 6월에는 황제의 조카 부부가 사라예보에서 독립을 원하는 세르비아 민족주의자에게 암살당하는 사건까지 벌어졌어요. 오스트리아 황실 가족은 19세기 후반 유럽 전역을 휩쓴 변화의 물결 속에서 연이은 비극을 맞은 거예요.

 황실 가족을 암살한 무정부주의자나 민족주의자 모두 오스트리아 제국의 통치에 불만을 품은 사람들인 거죠?

그렇다고 할 수 있습니다. 프란츠 요제프 황제는 황위 계승자였던 조카 부부가 암살당한 지 딱 한 달 만에 세르비아에 전쟁을 선포했어요. 복수를 하려는 것이었죠. 그리고 이 두 나라와 이해관계가 얽힌 주변 국가도 하나둘 끼어들면서 이 전쟁은 제1차 세계 대전으로 번졌답니다.

4년간 이어진 제1차 세계 대전은 오스트리아 제국의 해체와 합스부르크 왕가의 몰락으로 끝이 났어요. 68년간 오스트리아 제국을 통치한 프란츠 요제프 황제는 제1차 세계 대전이 끝나기 약 2년 전, 빈의 쇤브룬 궁전에서 86세 나이로 사망했습니다.

그가 다른 시대에 태어났더라면 꽤 훌륭한 황제로 기록되었을지도 모르겠어요. 하지만 그는 변화의 시대에 태어나 황제 자리에 올랐고, 책임을 져야 하는 위치에서 잘못된 선택을 한 결과는 예상보다 훨씬 가혹했답니다. 시대의 흐름을 읽지 못하고 변화를 거부한 대가가 정말 무시무시하죠?

"변화를 거부한 리더의 종말"

분리파 회관과 클림트

황금빛 월계수 잎을 새긴 돔이 정말 아름답죠? 이 건물은 제가 빈에서 가장 좋아하는 '보물' 중 하나입니다. 새하얀 외벽과 황금 돔은 현대적이면서도 신성한 느낌마저 들죠. 멀리서도 눈에 확 들어오는 이 독특한 건물은 **분리파 회관**입니다. 오스트리아의 동전에도 새겨져 있을 만큼 유명한 건물이죠. 리키야, 동전 좀 보여 줄래?

오, 정말이다! 근데 분리파가 대체 뭐예요? 뭘 분리한다는 거지?

분리파는 19세기 말 오스트리아 빈에서 결성된 예술가 집단을 말해요. 낡고 보수적인 관습을 따르던 예술계에서 벗어나 자유롭고 진보적인 예술을 추구한다는 의미에서 '분리파'라는 이름을 붙였지요. 분리파 회관은 이들이 작품을 전시하고 교류하기 위해 만든 공간입니다.

 오, 스웨그~! 자신감이 넘치는걸?
근데 황금 돔 밑에는 뭐라고 적혀 있는 거예요?

"시대에는 그 시대의 예술을, 예술에는 자유를!"이라는 문장이에요. 분리파가 추구하는 예술 활동과 그 이상을 상징하는 문장을 적어 둔 것이죠. 저 문장 바로 아래 있는 문을 열고 들어가면 베토벤 교향곡 9번을 재해석한 대형 벽화가 눈앞에 나타나는데요, 그 벽화를 그린 사람이 바로 **구스타프 클림트**입니다. 클림트는 빈의 여러 예술가와 함께 분리파를 결성한 화가예요. 오스트리아는 물론 전 세계 사람들이 매우 사랑하는 예술가이기도 하죠.

그런데 말입니다. 19세기 빈에는 클림트 외에도 수많은 성공한 예술가가 있었는데, 우리는 어째서 클림트만 기억하는 걸까요? 지금부터 그 답을 찾아보도록 하죠.

빈에서 가장 '핫'한 화가 클림트

클림트는 1862년 빈 남서부의 작은 마을에서 태어났습니다. 어려운 형편에도 예술에 대단한 재능을 보였고, 이를 눈여겨본 친척의 도움으로 빈 국립 응용 미술학교에 입학할 수 있었죠. 학교에서 뛰어난 실력을 인정받은 그는 여러 프로젝트에 참여

하며 주목을 받았고, 1883년 졸업 후 친구 프란츠 마츠와 함께 본격적으로 작품 활동을 했습니다.

구스타프 클림트

그들은 책 디자인, 극장 실내 장식, 공공건물의 벽화 등 다양한 작업을 맡았고, 1888년에는 부르크 극장의 천장화를 그려 달라는 의뢰를 받았습니다. 오스트리아 제국의 황제였던 프란츠 요제프도 이 사업에 큰 관심을 보였다고 하니, 예술가로서 이름을 알리는 데 이보다 더 좋은 기회는 없었겠죠?

클림트는 맡은 일을 완벽하게 해냈고, 황제는 크게 기뻐하며 그에게 훈장을 수여했습니다. 이후 그는 미술사 박물관의 천장화와 벽화를 그리는 작업에도 참여했지요. 예술의 도시 빈 곳곳에 클림트의 손길이 닿았고, 클림트는 서른 살이 되기도 전에 '빈에서 가장 핫한 화가'로 떠올랐답니다.

그런데 어느 순간 클림트의 예술관이 변하기 시작했습니다. 1890년 첫 해외여행에서 프랑스 인상파 화가들의 작품에 감명을 받은 클림트는 자신의 작품에 부족함을 느꼈고, 이를 극복하기 위해 다양한 변화를 시도하기로 했어요. 그 과정에서 빈 미술계의 전통에서 벗어나려고 했고, 이는 그가 오랫동안 따랐던 '미술가 연맹'에 대한 생각이 바뀌는 계기가 되었습니다.

빈 미술계의 관습에서 분리하다

　빈에서 유일한 전시 공간을 보유한 '미술가 연맹'은 전시회를 열고 작품을 판매하며 예술가와 세상을 연결하는 역할을 했습니다. 그러나 미술가 연맹이 빈 미술계의 영향력을 독점하다 보니 지나치게 보수적이고 권위적이라는 문제도 있었죠. 클림트는 미술가 연맹이 젊고 진보적인 예술가들의 열망과 창의성을 억누르고, 세계 미술의 새로운 흐름이 빈에 들어오지 못하게 한다고 생각했습니다.

　후훗, 적절한 비유입니다. 미술가 연맹의 회원이었던 클림트는 이를 바로잡으려 했지만, 미술가 연맹은 꿈쩍도 하지 않았어요. 오히려 클림트와 같은 생각을 하는 예술가들의 작품을 검열하기 시작했고, 검열을 통과하지 못한 작품은 전시를 할 수 없도록 막았지요. 결국 클림트는 미술가 연맹을 탈퇴하고 1897년에 뜻을 함께하는 예술가들과 '오스트리아 조형 미술가 연맹', 즉 분리파를 결성했습니다.

분리파 예술가들

　분리파의 초대 회장이 된 클림트는 분리파 회관을 설립해 진보적인 생각을 가진 젊은 예술가들에게 작품을 전시할 기회를 제공했습니다. 또 잡지 〈성스러운 봄〉을 창간해 유럽 최고의 예술가들과 세계 미술의 흐름을 빈에 소개했죠. 에두아르 마네, 빈센트 반 고흐, 조르주 쇠라 등 해외 유명 화가의 작품을 빈에 처음 소개한 것도 분리파였답니다.

제1회 분리파 전시회 포스터

클림트와 분리파 예술가들의 이런 활동은 단순한 세력 다툼이 아니라 관습에 대한 도전이자 혁신이었어요. 이를 잘 보여 주는 것이 제1회 분리파 전시회 포스터입니다.

포스터에는 그리스 신화의 영웅 테세우스가 황소 머리가 달린 괴물 미노타우로스를 처치하는 장면이 그려져 있습니다. 여기서 미노타우로스는 미술가 연맹, 테세우스는 새로운 예술을 향한 용감한 예술가들을 상징하죠. 젊은 예술가들이 미술가 연맹을 물리치고 빈의 예술을 구할 것이라는 메시지를 담은 거예요.

클림트는 작품 활동을 하면서도 전통과 맞서며 끊임없이 독창적인 표현을 시도했습니다. 그의 작품에는 모호한 상징, 화려한 금박, 대담한 색채와 패턴이 가득했고, 이는 빈 미술계에 신선한 변화를 불러왔습니다. 클림트의 작품이 대담해질수록 비판하는 목소리도 커졌지만, 이런 논란만으로도 빈의 예술계에는 서서히 생기가 돌았답니다.

자, 이쯤에서 맨 처음 질문으로 돌아가 보죠. 당시 빈에서는 수많은 예술가가 활동했는데, 왜 우리는 클림트만 기억할까요?

 클림트는 이미 최고의 자리에 올랐었잖아요.
그런데도 안주하지 않고 계속해서 도전했기 때문이 아닐까요?

오, 훌륭합니다! 지우의 말처럼 클림트만 용감하게 관습에 도전했기 때문입니다. 클림트뿐만 아니라 위대한 예술가는 모두 그와 같은 길을 걸었죠. 그리고 그건 훌륭한 지도자의 덕목이기도 해요. 그랜드투어 멤버라면 꼭 기억해야겠죠?

멋진 대답을 한 지우에게 '클림트의 도전 정신' 배지를!

얏호!

어허, 클림트 할아버지가 이놈~ 한다!

리키가 분리파 회관에 차원의 문을 열고 있어!

이제 오스트리아를 떠나 러시아로 가 볼까요?

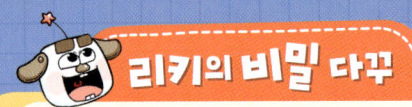

황금 빛깔 클림트!
★ 작품 감상하기 ★

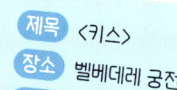

제목 〈키스〉
장소 벨베데레 궁전
연도 1907~1908년

꽃이 흩뿌려진 풀밭 위에 서 있는 연인을 묘사한 그림. 클림트가 실제 금박과 금색 물감을 주로 사용했던 '황금 시기'의 대표작이야. 타원, 삼각형, 소용돌이 등 다양한 무늬와 색채를 모자이크처럼 배치한 게 특징이지. 어쩌면 지구인이 가장 좋아하는 작품일지도. 벽지, 메모지, 천 가방, 휴대 전화 등 수많은 물건에 이 그림을 사용하고 있다니까?

제목	<베토벤 프리즈> 중 일부
장소	분리파 회관
연도	1902년

베토벤의 교향곡 9번 <합창>을 모티프로 그린 거대한 벽화. 높이는 약 2 m, 너비는 34 m에 이른다고 해. 분리파 회관의 세 벽면에 물에 갠 안료와 금박 등을 사용해 그렸는데, 처음 공개했을 땐 비난을 많이 받았대. 인물이 생기가 없고 혐오감을 준다나? 결국 전시는 실패로 돌아갔고, 분리파 내부에서도 갈등이 생겼대.

제목	<아델레 블로흐-바우어의 초상 1>
장소	뉴욕 노이에 갤러리
연도	1907년

황금 빛깔 클림트의 대표작 중 하나. 클림트의 후원자인 아델레가 황금 연못에서 피어오르는 것 같은 느낌이 들어. <키스>와 마찬가지로 동그라미, 사각형, 삼각형, 소용돌이 등 기하학무늬를 그림에 활용했어. 장식 무늬와 패턴, 눈부신 황금빛이 강렬한 인상을 주는 작품이야. 우리 행성에 가져가고 싶은 그림 1순위!

세계에서 가장 큰 동토의 제국

러시아

러시아는 세계에서 가장 영토가 넓은 나라예요. 우리나라 면적의 171배에 달하는 이 거대한 나라는 1800년대 초 프랑스의 나폴레옹을 물리친 이후 지금까지 강국의 위치를 유지하고 있답니다. 러시아의 수도이자 심장인 모스크바, 두 영웅이 격돌한 보로디노 평원, 러시아에서 가장 화려하고 유럽적인 도시 상트페테르부르크를 돌아보며 지금의 러시아를 만든 영웅들을 만나 볼까요?

첫 번째 여행지

붉은 광장, 그리고 미닌과 포자르스키

> 꺄아~ 꼭 동화 속에 들어온 것 같아요!

> 정말 예쁘다! 어디서 많이 본 건물인데?

> 러시아에서 매우 잘 알려진 건축물 중 하나죠!

우리는 러시아의 수도 모스크바에 도착했습니다. 우리가 서 있는 이곳은 모스크바의 중심에 자리한 **붉은 광장**입니다. 모스크바 역사의 중심이자 러시아의 상징이라고 할 수 있죠. 특히 광장 입구에 자리한 성 바실리 대성당은 러시아에서도 가장 아름다운 건축물로 손꼽힌답니다. 정말 근사하죠?

동글동글 양파 모양을 한 지붕이 정말 독특하고 예뻐요!
지금부터 저 성당을 구경하는 건가요?

아, 아닙니다. 제가 붉은 광장에서 친구들에게 하고 싶은 이야기는 따로 있습니다. 저기 성 바실리 대성당 바로 앞에 있는 동상 보이죠? 저는 이 동상을 볼 때마다 가슴이 벅차오르고 눈시울이 뜨거워진답니다.

동상의 주인공은 두 명입니다. 한 사람은 서서 오른손을 하늘로 쭉 뻗고 있고, 또 한 사람은 방패에 기대어 앉아 있죠. 그리고 이 두 사람은 칼 한 자루를 함께 부여잡고 있습니다.

오! 성당이 너무 화려해서 여기 이런 게 있는지도 몰랐어.

둘이 무슨 사이람?

동상의 주인공은 바로 **미닌**과 **포자르스키**입니다. 미닌과 포자르스키는 폴란드를 물리치고 **동란 시대**를 끝내는 데 결정적인 역할을 한 인물입니다. 러시아 사람들은 이들을 한마디로 이렇게 표현한답니다.

"그들은 진정한 애국자이다."

대혼란의 시대에 나타난 '가짜들'

동란 시대란 1605년 러시아의 황제 고두노프가 사망한 이후 1613년까지 이어진 대혼란의 시대를 말해요. 이 무렵 러시아에서는 거듭된 혹한으로 흉년이 이어지면서 수많은 사람이 굶어 죽었고, 곳곳에서 농민들과 노예들이 반란을 일으켰어요. 이런 상황에서 고두노프 황제까지 죽자, 전부터 그의 통치에 불만을 품었던 귀족들은 반란을 일으켜 황제의 일족과 그 추종자들을 모조리 죽여 버렸어요. 이 시기의 러시아는 탐욕과 전쟁, 약탈이 끊이지 않는, 그야말로 최악이었답니다.

대혼란을 틈타 황제 자리에 오른 사람은 드미트리였어요. 드미트리는 1604년 자신이 '이반 4세의 아들'이라고 주장하며 폴란드에서 군사를 일으켜 모스크바까지 쳐들어왔고, 러시아 귀족들의 지지를 받아 황제가 되었어요.

놀라운 사실은 이반 4세의 진짜 아들은 이미 한참 전에 죽었다는 거예요. 황제 자리에 오른 드미트리는 '가짜'였던 것이죠.

'가짜' 드미트리

 근데 이반 4세는 누구예요?

이반 4세는 1584년까지 러시아를 통치했던 황제입니다. 이반 4세 다음으로 그의 아들 표도르가 뒤를 이었지만, 표도르가 후계자 없이 죽자 표도르의 처남인 고두노프가 황제가 되었지요. 그리고 1605년 고두노프까지 사망하자 이반 4세의 아들이라고 주장하는 가짜 드미트리가 황제 자리에 오른 거예요.

하지만 드미트리는 러시아 귀족들의 꼭두각시에 불과했어요. 귀족들은 또다시 반란을 일으켜 드미트리를 죽이고, 황제를 다시 뽑았지요. 이번에 황제 자리에 오른 사람은 귀족 출신 슈이스키였어요. 귀족 출신이 황제 자리에 오르자 귀족들은 더욱 자신들의 이익만 추구했고, 백성의 삶은 더 어려워졌답니다.

사회가 불안정해지자 여기저기서 사기꾼이 출몰했어요. '진짜 드미트리'를 자처하는 사람과 자신이 표도르의 아들이라고 주장하는 사람까지 등장했죠.

이렇게 러시아 전역에서 가짜를 앞세운 도적 떼의 약탈과 폭력이 이어졌어요. 하지만 귀족들은 오히려 이런 상황을 이용해 탐욕을 채우기에 바빴지요. 러시아 백성은 절망과 고통 속에 버려진 것과 다름없었답니다.

진짜 애국자의 등장

문제는 이게 끝이 아니었어요. 1609년엔 스웨덴과 폴란드가 러시아를 공격해 마을을 점령하고 약탈을 일삼았지요. 1610년, 폴란드군이 모스크바까지 점령하자 러시아 귀족들은 러시아의 황제 자리를 폴란드 왕자에게 넘기고 충성을 맹세했어요.

이런 상황에서 등장한 인물이 바로 미닌과 포자르스키예요. 미닌은 모스크바 동쪽 상업 도시 니즈니노브고로드의 상인이었어요. 러시아의 상황을 더는 지켜볼 수 없었던 그는 1611년 시민을 상대로 국민군을 조직해 절망의 수렁에 빠진 조국을 구하자고 설득했죠.

"모스크바를 도우러 가자. 지금 가지고 있는 영지를 아까워하지 마라!"

미닌은 평생 일하여 모은 재산을 전부 군자금으로 내놓았어요. 시민들도 미닌에 호응해 앞다투어 재산을 기부했답니다.

 와, 귀족들이 탐욕에 눈이 멀어 있을 때 러시아 시민들은 나라를 구하려고 재산을 내놓은 거네요.

그렇습니다. 군자금 문제가 해결되자 미닌은 포자르스키 장군을 국민군 총사령관으로 지목했어요. 포자르스키는 시민과 병사들 사이에서 신임이 두터운 인물이었어요. 책임감과 애국심으로 똘똘 뭉친 포자르스키는 그 누구보다 원칙에 충실한 사람이었죠.

포자르스키는 국민군 총사령관직을 수락하면서 단 한 가지 조건을 내걸었어요. 그건 바로 자신을 총사령관으로 지목한 미닌이 군수 물자를 관리하고 보급하는 일을 책임져야 한다는 것이었죠. 미닌과 포자르스키는 이전에 한 번도 만난 적이 없지만, 상대가 어떤 사람인지 한눈에 알아본 거예요.

포자르스키(왼쪽)과 미닌.

미닌과 포자르스키가 국민군을 조직했다는 소식이 러시아 전역으로 퍼져 나가자 시민들은 하나둘 국민군에 동참했어요. 1612년 10월 미닌과 포자르스키의 국민군은 모스크바를 포위했고, 곧 폴란드군의 항복을 받아 냈어요. 다음 해 1월 러시아 전역의 대표들은 로마노프를 새로운 황제로 선출했답니다. 마침내 길고 참혹했던 동란의 시대가 막을 내린 거예요.

　이후 미닌과 포자르스키는 모든 것을 내려놓고 다시 자신의 자리로 돌아갔습니다. 그들이 원한 건 돈도, 명예도, 권력도 아닌, 오직 조국 러시아의 해방이었거든요. 이 두 사람이 지금까지 러시아 사람들에게 깊이 존경받는 이유, 잘 알겠죠?

"나라를 사랑하는 마음!"

아, 따뜻하다!

아무리 생각해도 미닌과 포자르스키는 대단한 것 같아.

오, 왜 그렇게 생각하나요?

그랜드투어를 하면서 스스로 권력을 내려놓은 사람은 처음 봤어요.

조국을 위해 힘을 모읍시다!

그렇습니다. 이들이 지금까지 존경받는 이유가 권력을 가졌을 때 모든 것을 내려놓았기 때문이지요. 또 미닌과 포자르스키는 '나라를 사랑하는 마음'을 행동으로 보여 줬답니다.

니즈니노브고로드에서 시민들을 설득하는 미닌.

러시아 사람들이 왜 그들을 진정한 애국자라고 부르는지 알겠죠?

두 사람의 나라를 사랑하는 마음을 생각하니까 가슴이 마구 벅차오르는 것 같아요!

지우에게 '미닌과 포자르스키의 애국심' 배지를!

충성, 충성!

보로디노 평원의 나폴레옹과 쿠투조프

오랜만에 도시에서 벗어나 탁 트인 장소로 나왔으니 잠시 풍경을 감상해 볼까요? 여기는 모스크바에서 서쪽으로 110 km 정도 떨어진 **보로디노 평원**입니다. 끝없이 펼쳐진 초원과 부드러운 곡선 언덕 풍경이 정말 평화로워 보이죠?

그런데 이렇게 조용하고 포근해 보이는 이 평원은 지금으로부터 210여 년 전 러시아군과 프랑스군이 아주 치열한 전투를 벌였던 곳이기도 해요. 양쪽의 병사 25만 명이 뒤엉켜 싸웠고, 무려 7만 5,000명이나 되는 병사가 이곳에서 목숨을 잃었답니다. 그것도 단 하루 동안에 말이에요. 평원에는 당시 이곳에서 벌어진 전투를 기리는 기념탑과 희생자를 추모하는 위령탑 등 다양한 기념물이 있어요. 지금 여러분이 보고 있는 이 탑도 그 기념물 중 하나입니다.

가만있자, 210년 전이라고요? 그럼 1800년대니까, 프랑스는 나폴레옹이 황제였던 시기네요?

아, 그러네? 나폴레옹은 여기저기 참 부지런히도 다녔구나.

맞습니다. 당시 프랑스 황제였던 **나폴레옹**은 직접 60만 대군을 이끌고 러시아 원정에 나섰지요. 그리고 모스크바로 진격하다가 이곳에서 러시아군과 정면으로 충돌하게 됩니다. 이때 나폴레옹에 맞선 사람은 러시아의 명장 **미하일 쿠투조프**였답니다.

나폴레옹의 어깨엔 프랑스 제국의 명예와 미래가, 이제 곧 70세를 바라보는 노장 쿠투조프의 어깨엔 조국 러시아의 운명이 걸려 있었죠. 이 전쟁에서 승리한 사람은 과연 누구일까요?

보로디노 전투 기념탑

대륙 봉쇄령을 어긴 러시아

나폴레옹이 프랑스군을 이끌고 러시아를 침공한 건 1812년이었어요. 이 무렵 프랑스는 유럽의 거의 모든 지역을 손에 넣은 것과 다름없었어요. 하지만 천하의 나폴레옹도 마음대로 하지 못한 나라가 있었지요? 바로 강력한 해군을 보유한 영국입니다.

 맞아요. 영국엔 넬슨 제독이 있었잖아요! 그의 활약으로 프랑스는 영국을 침공하는 데 실패했죠.

산이가 지난 그랜드투어 때 배운 내용을 정확히 기억하고 있군요! 맞아요. 나폴레옹은 어떻게 하면 영국을 굴복시킬 수 있을까 고민한 끝에 1806년 영국과 유럽 모든 나라 사이의 교역을 완전히 금지하는 **대륙 봉쇄령**을 실시했어요. 영국을 경제적으로 고립시키려는 전략이었죠.

문제는 대륙 봉쇄령이 영국뿐만 아니라 유럽의 다른 나라까지 힘들게 했다는 점입니다. 당시 영국은 유럽 대륙에 값싸고 질 좋은 공산품을 대량으로 공급하고 있었어요. 또 차와 커피, 향신료, 설탕 등 식민지에서 가져온 다양한 특산품도 공급하고 있었지요. 필수품이나 다름없는 이런 물품을 하루아침에 구할 수 없게 되자, 유럽 내에서는 불만의 목소리가 터져 나왔어요.

하지만 나폴레옹은 아랑곳하지 않았답니다. 결국 수년간 이어진 대륙 봉쇄령을 견디다 못한 러시아가 영국과 교역을 시작했어요. 나폴레옹은 이를 배신이라 생각했고, 1812년 6월 24일 어마어마한 대군을 이끌고 러시아를 침공한 거예요.

나폴레옹이 이끄는 무적의 프랑스군이 러시아 국경을 넘었다는 소식이 전해지자, 러시아에서는 나폴레옹의 침략에 당당하게 맞서자며 투지를 불태웠어요. 하지만 러시아군의 병사 수는 프랑스군의 3분의 1에 불과했답니다. 강력하고 지혜로운 지도자가 절실했죠. 이때 러시아 사람들의 머릿속엔 한 사람의 이름이 떠올랐어요. 바로 퇴역 장군인 미하일 쿠투조프였습니다.

미하일 쿠투조프의 초상화.

1745년 상트페테르부르크에서 태어난 쿠투조프는 훌륭한 군인이었어요. 수많은 전쟁을 경험하며 여러 차례 공을 세웠죠. 병사들과 국민은 쿠투조프를 매우 좋아했답니다. 그는 병사들을 소중히 여기는 훌륭한 지휘관이었으며, 전장에서는 누구보다 먼저 앞장서는 용감한 군인이었거든요.

병사들과 국민의 입에서 67세 장군인 쿠투조프의 이름이 계속해서 오르내리자, 러시아 황제 알렉산드르 1세는 쿠투조프를 러시아군 총사령관으로 임명해 나폴레옹의 침략에 맞서도록 했어요. 나폴레옹과 쿠투조프, 두 영웅의 싸움이 시작된 거예요.

모스크바를 내주고 러시아를 지키다

무서운 속도로 러시아로 진격한 나폴레옹은 하루빨리 승부를 내려고 했어요. 전력을 한곳에 집중해 한 방에 큰 타격을 입히는 전술이 나폴레옹의 특기였거든요.

하지만 백발 노장 쿠투조프는 나폴레옹과 정면으로 맞부딪칠 생각이 전혀 없었어요. 그는 러시아군이 치명적인 피해를 입지 않고 어느 정도 병력을 유지할 수만 있다면 결국 전쟁에서 승리할 것으로 내다봤거든요. 그래서 전면전을 피하고 계속 뒤로 물러나라는 명령을 내릴 뿐이었죠.

쿠투조프가 프랑스군을 러시아 깊숙이 끌어들일수록 60만 대군을 먹여 살릴 식량과 전투에 필요한 물자를 실어 나르는 길 역시 한없이 길어졌어요. 그러다 보니 현지에서 직접 물자를 구해야 하는 상황이 많았답니다. 문제는 러시아군이 후퇴할 때마다 곡식을 불태우고 우물을 메우는 등 프랑스군이 러시아 땅에서 물자를 얻지 못하도록 철저하게 방해했다는 거예요.

하지만 상트페테르부르크에서 이런 상황을 보고받고 있던 러시아 황제는 쿠투조프와 생각이 달랐어요. 그는 러시아군이 나폴레옹에 맞서 용감하게 싸우길 바랐어요. 궁정의 신하들과 국민 역시 '총 한 방 쏘지 않고 모스크바를 적에게 내주는 건 치욕'이라며 분통을 터뜨렸답니다. 결국 쿠투조프는 여론에 밀려 모스크바 근처 보로디노 평원에서 나폴레옹의 군대와 전면전을 벌일 수밖에 없었지요.

1812년 9월 7일 새벽에 시작된 전투는 온종일 치열하게 이어졌어요. 해가 머리 위에 떴을 무렵, 프랑스군이 마침내 승기를 잡았어요. 단 하루 만에 프랑스는 3만여 명, 러시아는 4만 5,000여 명에 이르는 병사를 잃었지요. 그날 밤 쿠투조프는 또다시 후퇴를 명령했어요. 자존심을 지키려고 병사를 죽음으로 내모는 것보다 한 명이라도 더 살리는 것이 러시아를 구하는 길이라고 생각했던 거예요.

보로디노 전투를 묘사한 그림.

모스크바를 나폴레옹에게 내주기로 결정하는 쿠투조프.

　보로디노 평원에서 러시아군이 패하고 후퇴했다는 소식이 전해지자 러시아 황제는 분노하며 또다시 전면전을 요구했어요. 하지만 쿠투조프는 감히 황제의 명령을 거부한 채 모스크바를 포기하고 뒤로 물러났답니다. 이렇게 나폴레옹은 손쉽게 모스크바를 점령할 수 있었지요.

　그런데 나폴레옹이 모스크바를 점령할 무렵, 모스크바는 텅 비어 있었어요. 러시아군이 후퇴하면서 모스크바 곳곳에 불을 질렀거든요. 닷새 동안 이어진 화재로 모스크바는 그야말로 폐허가 되어 버렸죠. 식량도, 따뜻한 옷도, 잠잘 건물도 없는 모스크바에서 겨울을 날 수 없었던 나폴레옹은 결국 퇴각을 결심했어요.

　하지만 프랑스군은 이미 보급 체계가 완전히 무너진 데다 매서운 추위와 러시아군의 끈질긴 공격까지 이어지면서 큰 피해를 입고 말았어요. 나폴레옹의 프랑스군이 러시아에서 빠져나왔을 무렵, 60만 대군 중 건강하게 살아 돌아온 병사는 거의 없었다고 해요. 그야말로 처참한 패배였지요.

 보로디노 전투에서 승리한 건 나폴레옹인데, 최후의 승자는 결국 쿠투조프네요.

 물러설 줄 아는 용기가 정말 중요한 것 같아!

바로 그겁니다. 쿠투조프가 마지막에 승리할 수 있었던 건 물러설 줄 알았기 때문이지요. 그는 보로디노 전투에서 승패에 연연하지 않고 물러났고, 모스크바에서도 또 한 번 물러났습니다. 그때 물러나지 않았다면 어쩌면 역사는 다른 방향으로 흘렀을지도 모를 일입니다. 결국 **쿠투조프의 물러설 줄 아는 용기**가 러시아를 위기에서 구한 거라고 할 수 있겠죠?

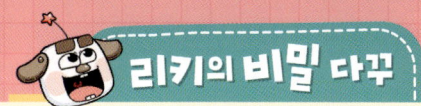

러시아의 초토화 전술

쿠투조프가 이끄는 러시아군은 프랑스군이 모스크바에서 식량 등의 물품을 얻는 걸 방해하려고 모스크바에 불을 질렀어. 이렇게 적이 사용할 만한 식량과 물자를 없애 적을 지치게 만드는 전술을 **초토화 전술** 또는 **청야 전술**이라고 해.

1812년 모스크바 대화재

화재로 파괴된 모스크바 지역

여기에서 빨간색으로 표시된 부분이 불에 타 폐허가 된 지역이야. 모스크바에 있는 주거용 건물 9,151채 중에서 6,494채가 불에 타 버렸대. 1812년 9월 14일 시작된 대화재는 무려 닷새 동안 이어졌고 모스크바의 대부분이 파괴되었지. 폐허가 된 모스크바에서 프랑스군이 얻을 수 있는 건 아무것도 없었어.

자신의 소중한 삶의 터전과 사랑하는 도시를 스스로 파괴해야 했던 러시아인의 심정은 어땠을까? 이런 극단적인 전술까지 써야 하는 상황이 다시는 오지 않았으면 좋겠다옹!

 꺄아, 저기 흰색이랑 민트색 건물 정말 예쁘다!
이번 여행의 중심은 왠지 저 건물일 것 같은데요?

하하, 지우 정답! 저 화려한 건물은 바로 **겨울 궁전**입니다. 러시아 제2의 도시 상트페테르부르크에서 가장 유명한 건축물 중 하나죠. 18세기 중반 로마노프 왕조 시대에 지어졌으며, 러시아 황제들이 겨울을 보내던 곳이라 '겨울 궁전'이라는 이름이 붙었답니다. 지금은 세계 3대 미술관 중 하나인 예르미타시 미술관이 들어서 있어요.

이 정도로 위풍당당하고 눈부신 궁전은 유럽에서도 보기 드뭅니다. 지난 그랜드투어 때 다녀온 프랑스의 베르사유 궁전이나 오스트리아의 쇤브룬 궁전 정도가 있을까요? 하지만 겨울 궁전이 특별한 이유는, 한적한 숲속에 있는 베르사유나 쇤브룬 궁전과 달리 도시 중심에서 그 위엄을 자랑한다는 점이에요. 이는 로마노프 왕조가 통치한 러시아 제국의 위용이 얼마나 대단했는지를 보여 준답니다.

겨울 궁전 앞 광장.

겨울 궁전 앞 광장엔 탑이 하나 우뚝 솟아 있는데요, 이 탑은 나폴레옹과 벌인 전쟁을 승리로 이끈 알렉산드르 1세를 기리려고 만든 기념물이에요. 화려한 궁전과 드넓은 광장, 그리고 그 한가운데 우뚝 서 있는 거대한 탑을 보면 당시 러시아 황제의 부와 권력이 어땠는지 짐작할 수 있을 겁니다.

알렉산드르 1세면 전면전을 주장했던 그 황제잖아요.
참나, 재주는 쿠투조프가 부리고 영광은 황제가 가져가네.

그런데 말입니다. 영원할 것만 같은 권력도 한순간에 사라질 수 있다는 걸 우리는 여행을 하면서 많이 봐서 잘 알고 있죠? 제국을 호령하던 로마노프 왕조도 마찬가지였지요. 절대 권력을 누리던 왕조의 몰락은 바로 이곳, 겨울 궁전 앞 광장에서 시작되었습니다.

겨울 궁전으로 몰려간 노동자들

1905년 1월 9일 일요일(구달력 기준), 러시아 제국의 수도 상트페테르부르크는 아침부터 술렁였어요. 수많은 사람이 노래를 부르며 어디론가 이동하고 있었거든요. 이들이 향한 곳은 겨울 궁전이었어요. 믿고 의지하던 황제를 만나러 가는 길이었지요.

 그 많은 사람이 왜 황제를 만나고 싶어 한 거예요?

1904년 12월, 상트페테르부르크 최대 금속기계 공장인 푸틸로프 공장에서 노동자 네 명이 해고된 사건이 있었어요. 이들은 단지 더 나은 대우를 요구했을 뿐인데 하루아침에 일자리를 잃었죠. 공장의 노동자들은 다시 일하게 해 달라고 항의했지만, 공장주는 이를 받아들이지 않았어요.

가폰 신부

분노한 노동자들은 파업을 시작했고, 불만은 삽시간에 퍼져 나갔어요. 무려 15만 명이 넘는 노동자가 동참하며 대규모 파업으로 번졌죠. 사태가 심각해지자 노동자 단체를 이끌던 가폰 신부가 나섰어요. 그는 황제에게 직접 청원서를 전달하자고 제안했어요. 청원서에는 노동자들의 고통과 요구 사항뿐만 아니라 황제에 대한 기대와 애정도 담겨 있었지요.

"폐하! 우리의 요구를 들어주신다면 러시아는 행복해질 것입니다. 우리의 마음과 자손들의 마음에는 폐하의 이름이 영원히 새겨질 것입니다."

실제로 당시 많은 국민이 황제를 '어버이'라 부르며 믿고 따랐어요. 노동자들도 황제가 그들의 처지를 알게 되면 외면하지 않을 거라고 굳게 믿었답니다. 가폰 신부 역시 '황제는 백성을 어버이처럼 보살필 것'이라 믿었지요. 그는 노동자들과 함께 청원서를 제출하기 전날 밤, 황제에게 직접 편지를 썼어요. 다음 날 겨울 궁전으로 행진할 계획을 알리고, 노동자들의 요청을 들어줄 것을 간곡히 부탁했죠. 그가 보기엔 이 방법만으로도 사태는 쉽게 해결될 듯했어요.

자, 다시 1905년 1월 9일로 돌아가 볼까요? 아침부터 수많은 노동자와 그 가족들이 거리로 쏟아져 나와 황제에게 청원서를 전하기 위해 행진했어요. 시내 곳곳에서 출발한 무리들은 곧 겨울 궁전 앞 광장으로 모여들었죠. 사람들은 러시아 황제 니콜라이 2세의 초상화와 교회의 깃발을 들고 노래를 불렀어요.

"신이시여, 황제를 보살피소서!"

그들은 과연 겨울 궁전 앞에서 황제를 만날 수 있었을까요?

피의 일요일과 니콜라이 2세

니콜라이 2세

수많은 노동자가 겨울 궁전 앞 광장에 도착했을 때 그들을 맞이한 것은 황제가 아니라 총을 든 경찰과 병사였어요. 시위대가 계속 앞으로 나아가자 갑자기 총성이 울려 퍼졌죠. 황제의 군대가 노동자를 향해 무차별적으로 총을 쏜 거예요. 노래를 부르던 사람들은 비명을 지르기 시작했고, 사람들은 피를 흘리며 바닥에 쓰러졌어요. 기병대는 도망가는 노동자를 추격하며 총칼을 휘두르기도 했지요.

1월 9일 하루 동안 1,000여 명이 목숨을 잃었고 3,000여 명이 부상을 입었어요. 황제에게 청원서를 전달하려던 행진은 순식간에 아수라장으로 변했고, 광장은 노동자들의 피로 물들었답니다. 사람들은 이날을 '피의 일요일'이라고 불렀어요.

세상에…. 어떻게 그럴 수가 있지?
니콜라이 2세는 대체 왜 안 나온 거예요?

니콜라이 2세는 노동자들이 겨울 궁전으로 몰려온다는 소식을 듣고 군대로 진압하라는 명령을 내린 뒤 황급히 자리를 떠났어요. 그는 가폰 신부나 국민이 기대했던 '어버이 같은 지도자'가 아니었던 거예요. 노동자의 고통에는 관심 없었고, 오직 자신의 권력 유지에만 집착하는 무능하고 변덕스러운 황제였죠.

피의 일요일 이후 황제를 향한 국민의 존경심은 순식간에 분노로 바뀌었어요. 사람들은 황제가 자신들을 보살피는 존재가 아니라 노동을 착취하는 권력자일 뿐이라는 사실을 깨달았죠. 사람들의 분노는 러시아 전역으로 퍼졌고, 곳곳에서 노동자들의 격렬한 항의와 파업이 이어졌어요. 러시아 국민은 이제 이렇게 외치기 시작했어요.

"우리에게 황제는 없다!"

구호가 하루아침에 바뀌었어. 니콜라이 2세는 '모든 권력은 국민에게서 나온다.'는 말을 몰랐나 보네요.

산이가 얘기한 것처럼 니콜라이 2세는 국민의 마음을 얻어야 권력을 지킬 수 있다는 사실을 전혀 몰랐습니다. 그는 노동자의 하소연을 귀 기울여 듣는 대신 총을 쏘고 칼을 휘둘렀지요. 피의 일요일 사건은 결국 혁명의 불씨가 되었답니다. 그로부터 약 10년 후 러시아에서는 혁명이 일어났고, 니콜라이 2세는 황제 자리에서 물러났어요. 황제와 그의 가족은 혁명 세력에게 모두 죽임을 당했지요. 러시아 제국과 로마노프 왕조는 이렇게 역사 속으로 사라졌어요. 니콜라이 2세는 러시아 제국의 마지막 황제였습니다.
　자세한 혁명 이야기는 다음 장소에서 이어 가도록 하죠! 이번엔 핀란드 역으로 가 볼까요?

리키의 비밀 다꾸

지구별 최대의 보물 창고 ― 예르미타시 미술관

리키의 지구별 추천 여행지

러시아 상트페테르부르크의 예르미타시 미술관은 세계에서 가장 크고 가장 오래된 미술관으로 손꼽히는 곳이야. 총 5개 건물이 통로로 연결된 거대한 미술관엔 무려 300만 점에 이르는 작품이 1,020여 개나 되는 방에 전시되어 있다고 해. 10초에 하나씩 구경한다고 해도 꼬박 1년이 걸릴 정도로 엄청난 양이지!

'은둔자의 집' 예르미타시

예르미타시는 프랑스어로 '은둔자의 집'이라는 뜻! 러시아 제국의 여황제 예카테리나 2세는 수집한 미술품을 보관하려고 겨울 궁전 옆에 작은 궁전을 짓고 '예르미타시'라는 이름을 붙였어. 수집품이 늘어나면서 그 옆에 계속 다른 건물을 지었는데, 지금은 이 건물들과 겨울 궁전을 통틀어 '예르미타시 미술관'이라고 불러.

앙리 마티스의 <춤>

리키 픽!

렘브란트 판 레인의
<돌아온 탕아>

레오나르도 다 빈치의
<베누아의 성모>

상트페테르부르크의 핀란드 역과 레닌

 앗, 핀란드 역이 상트페테르부르크에 있었네요?
저는 핀란드로 가는 줄 알았지 뭐예요.

후훗, 그렇게 생각할 수도 있겠군요. **핀란드 역**은 핀란드에서 **상트페테르부르크**로 들어오는 모든 기차의 종착역입니다. 이 역은 원래 핀란드 국영 철도가 세운 건물이지만, 러시아 혁명 이후 러시아 소유가 되었죠. 우리가 이곳을 찾은 이유는 러시아 역사에서 가장 중요한 혁명가 중 한 사람이 이 역을 통해 러시아로 들어왔기 때문입니다.

1917년 4월 3일(구달력 기준) 늦은 밤, 저 멀리서 기적 소리가 들리더니 철길 위로 불빛이 비쳤어요. 증기를 내뿜으며 달려오던 기차는 점차 속도를 줄이며 핀란드 역사로 들어왔죠. 이 기차는 스위스에서 출발해 독일과 스웨덴을 거쳐 도착한 것이었어요. 기차의 문이 열리자 한 남자가 내렸습니다. 그는 망설임 없이 성큼성큼 역 밖으로 걸어 나갔죠.

역 앞 광장은 그를 보기 위해 모인 인파로 가득했어요. 남자가 모습을 드러내자 사람들은 붉은 깃발을 흔들며 그의 이름을 외쳤습니다. 광장에 모인 사람들의 눈동자는 기대와 희망으로 반짝거렸어요. 남자는 역 앞에 있던 장갑차 위로 뛰어올라 이렇게 말했습니다.

 와, 얘기만 들어도 그때의 분위기가 그대로 전해지는 것 같아요. 그 남자가 대체 누구예요?

거의 한 세기가 지난 지금도 그날의 열기와 함성이 느껴지는 것 같죠? 그날 역 앞 광장을 가득 메운 사람들은 자신들을 이끌 지도자를 애타게 기다렸어요. 바로 러시아의 혁명가 **블라디미르 일리치 레닌**이었죠.

핀란드 역 앞에 서 있는 동상은 장갑차 위에 올라 연설하는 레닌의 모습을 담은 거예요. 한때 상트페테르부르크는 '레닌의 도시'라는 뜻의 '레닌그라드'로 불렸는데, 그 정도로 이 도시에는 그의 흔적으로 가득하답니다. 하지만 오랜 망명 끝에 레닌이 조국으로 돌아온 이 순간보다 더 상징적이고 드라마틱한 역사의 한 장면은 없을 거예요. 레닌은 어떻게 러시아 혁명을 이끌었을까요?

레닌, 혁명의 길로 들어서다

레닌은 1870년 4월, 볼가 강변의 심비르스크에서 태어났어요. 어린 시절부터 학업에 뛰어났던 그가 혁명에 관심을 갖게 된 계기는 형의 죽음이었어요. 레닌의 형은 황제의 절대 권력에 반발하며 혁명 활동을 했어요. 그러다가 알렉산드르 3세 암살 시도에 가담한 것이 발각

블라디미르 레닌

되어 처형당했지요. 형의 죽음에 충격을 받은 레닌은 신분과 계급이 없는 협동 사회를 목표로 하는 마르크스주의를 연구하며 형과 같은 혁명가의 길을 걷게 되었죠.

당시 러시아 민중의 삶은 정말 처참했어요. 대다수가 추위와 굶주림, 가혹한 노동에 시달렸고, 노동자들은 하루 종일 일해도 겨우 끼니만 해결할 수 있었죠. 하지만 황제와 귀족들은 여전히 사치스러운 생활을 이어 갔어요.

 정말 너무하네요. 레닌이 이런 현실을 바꾸기로 결심한 거죠?

그렇습니다. 하지만 굳어진 체제를 바꾸는 일은 쉽지 않았어요. 레닌은 노동자를 돕고 민중을 계몽하는 활동을 하다가 체포되어 1년간 감옥 생활을 했고, 나중엔 3년간 시베리아로 유배를 떠나야 했어요.

1900년, 레닌은 유배에서 풀려났지만 감시와 탄압이 더 심해져 더는 러시아에 머물 수 없었어요. 그래서 해외로 망명을 떠날 수밖에 없었죠. 하지만 그런 와중에도 혁명 활동을 멈추지 않았어요. 독일에서는 〈이스크라〉라는 신문을 만들어 지식인을 혁명 운동에 끌어들였고, 〈무엇을 할 것인가〉라는 책을 펴내 혁명을 이루려면 대중을 이끌 정당이 필요하다고 주장했죠.

이렇게 레닌이 외국에서 이론가이자 작가로 명성을 쌓고 있을 무렵, 러시아에서 1905년 '피의 일요일' 사건이 발생한 거예요.

그러자 러시아 곳곳에서 파업과 시위가 잇따랐어요. 혁명의 불꽃이 서서히 타오르기 시작한 것이죠.

이때 레닌은 본격적인 혁명 활동을 위해 러시아로 돌아왔지만, 1907년 정부의 비밀경찰이 혁명 지도자들을 체포하기 시작하자 다시 망명길에 올랐어요. 이후 레닌은 주로 스위스에 머물며 자신의 이론과 사상을 갈고닦았답니다.

"빵과 평화, 땅과 자유를!"

그러던 중 1914년 제1차 세계 대전이 일어나자, 러시아 제국의 황제였던 니콜라이 2세는 서둘러 전쟁에 뛰어들었어요. 모든 관심을 전쟁으로 돌려 민중의 불만과 분노, 혁명의 열기를 잠재우려는 속셈이었죠.

혁명 세력 내부에서도 참전을 두고 논쟁이 벌어졌어요. 많은 혁명가가 전쟁을 지지했지만, 레닌이 이끄는 볼셰비키는 끝까지 전쟁에 반대했어요. 레닌은 '전쟁은 노동자가 자본가의 이익을 위해 서로 죽이는 것'이라며, 제1차 세계 대전과 같은 제국주의 국가들의 착취 전쟁에는 참여해선 안 된다고 주장했죠.

하지만 의외로 많은 사람이 전쟁에 찬성했어요. 당시 유럽에는 기이한 전쟁 열기가 퍼져 있었고, 황제와 참전 지지자들은 전쟁이 금방 끝날 거라 믿었죠. 하지만 현실은 참혹했어요. 1916년 말까지 러시아 병사 500만 명 이상이 죽거나 다쳤고, 전쟁에 물자를 쏟아부은 탓에 러시아의 경제도 완전히 무너졌어요. 사람들은 빵 하나를 얻기 위해 온종일 추위 속에서 줄을 서야 했죠. 전쟁은 민중에게 재앙 그 자체였답니다.

결국 레닌과 볼셰비키의 생각이 옳았던 거네요.

그렇다고 볼 수 있죠. 가난과 굶주림에 지친 민중은 분노했고, 노동자들의 파업과 시위도 계속됐어요. 오랜 전쟁에 지친 병사들마저 혁명 세력의 편에 섰죠. 결국 1917년 2월(구달력 기준), 러시아 민중은 "빵과 평화, 땅과 자유"를 외치며 황제가 있는 궁전으로 몰려갔습니다.

시위하는 러시아 민중.

결국 니콜라이 2세는 황제 자리에서 쫓겨났고 임시 정부가 들어섰어요. 러시아 제국을 이끌던 로마노프 왕조도 마지막 황제와 함께 역사 속으로 사라졌지요. 마침내 혁명이 성공한 거예요!

자, 이번 그랜드투어도 이제 막바지에 다다르고 있습니다. 임시 정부는 과연 민중을 만족시킬 수 있었을까요? 불행하게도 전혀 그렇지 못했어요. 민중의 염원을 무시한 채 전쟁을 계속하기로 결정했기 때문이죠.

병사들은 여전히 전쟁터로 내몰렸고, 러시아의 경제 사정도 좀처럼 나아지지 않았지요. 혁명 이후에도 달라지는 게 별로 없자 민중의 불만은 다시 커질 수밖에 없었어요.

 어휴~ 답답해. 그럴 거면 대체 혁명을 왜 한 거람? 화가 난다! 화가 나!

이런 상황을 지켜보던 레닌은 크게 분노했어요. 그가 생각하는 혁명은 이런 게 아니었거든요. 스위스에 머물던 그는 귀국을 서둘렀답니다. 1917년 4월 3일, 마침내 레닌은 상트페테르부르크의 핀란드 역에 도착했어요. 10년 만에 러시아 땅을 밟은 것이죠. 레닌이 가장 먼저 한 일은 앞으로 러시아가 나아가야 할 방향과 계획을 발표하는 것이었답니다.

그는 현재의 임시 정부에 반대하며 모든 권력은 노동자와 농민, 병사의 대표 기구인 소비에트가 가져야 한다고 주장했어요. 전쟁도 즉시 멈춰야 한다고 단호하게 밝혔죠. 사람들은 레닌의 주장에 열광했고, 그를 따르기 시작했어요. 노동자들과 병사들은 구호를 외치며 무기를 들고 거리로 쏟아져 나왔어요.

"모든 권력을 소비에트에게!"

레닌의 지도 아래 다시 혁명의 불꽃이 활활 타올랐어요. 1917년 10월 26일, 결국 임시 정부는 무너졌어요. 레닌은 수많은 사람 앞에서 소비에트 정부가 들어섰다고 선언했답니다.

소비에트 사회주의 공화국 연방이라는 **인류 최초 사회주의 국가**가 탄생한 순간이었어요.

연설하는 레닌을 묘사한 그림.

"불꽃같은 열정이 필요해!"

사진 출처

22쪽	비텐베르크 성교회의 문_셔터스톡	83쪽	베토벤의 묘지_셔터스톡 / 베토벤 동상_셔터스톡
24쪽	수도사 시절의 마르틴 루터_위키미디어	84-85쪽	호프부르크 궁전_셔터스톡
29쪽	교황과 황제 앞에서 자신의 신념을 밝히는 루터_위키미디어 / 루터가 번역한 성경_위키미디어	86쪽	젊은 시절의 프란츠 요제프 황제_위키미디어
30쪽	루터의 집_셔터스톡	91쪽	검은 옷을 입고 있는 엘리자베트 황후_위키미디어
31쪽	비텐베르크 성교회의 문_셔터스톡	92쪽	호프부르크 궁전 전경_셔터스톡
32쪽	전승 기념탑_셔터스톡	93쪽	프란츠 요제프 황제의 동상_셔터스톡 / 1982년의 프란츠 요제프_위키미디어
33쪽	전승 기념탑 꼭대기에 있는 승리의 여신상_셔터스톡	94쪽	분리파 회관_셔터스톡
34쪽	오토 에두아르트 레오폴트 비스마르크의 초상화_셔터스톡	95쪽	오스트리아의 50센트 유로화 동전_위키미디어
37쪽	오스트리아군과 전투하는 모습을 지켜보고 있는 비스마르크_위키미디어	97쪽	구스타프 클림트_위키미디어
39쪽	1867년 파리 만국 박람회에 출품된 크루프 대포_게티이미지코리아	99쪽	분리파 예술가들_게티이미지코리아
40쪽	베르사유 궁전 거울의 방에서 황제 자리에 오른 빌헬름 1세_위키미디어	100쪽	제1회 분리파 전시회 포스터_위키미디어
42쪽	베벨 광장_위키미디어	101쪽	분리파 회관(2)_셔터스톡
44쪽	분서 사건 기념 동판_위키미디어	102쪽	키스_위키미디어
45쪽	아돌프 히틀러_위키미디어	103쪽	베토벤 프리즈_위키미디어 / 아델레 블로흐-바우어의 초상_위키미디어
49쪽	아우슈비츠 강제 수용소의 유대인들_위키미디어	106쪽	성 바실리 대성당_셔터스톡
50쪽	홀로코스트 메모리얼(유대인 학살 추모 공원)_셔터스톡	107쪽	미닌과 포자르스키 동상_셔터스톡
51쪽	안네 프랑크_위키미디어 / 안네의 일기장_안네프랑크기념관 / 안네 프랑크가 숨어 지내던 은신처의 비밀 입구_위키미디어	109쪽	가짜 드미트리_위키미디어
		111쪽	포자르스키와 미닌_위키미디어
52쪽	브란덴부르크 문_셔터스톡	112쪽	성 바실리 대성당 전경_셔터스톡
53쪽	승리의 쿼드리거_셔터스톡	113쪽	니즈니노브고로드에서 시민들을 설득하는 미닌_위키미디어
55쪽	쿼드리거가 없는 브란덴부르크 문_위키미디어	114-115쪽	보로디노 평원_셔터스톡
57쪽	히틀러의 50회 생일 축하 퍼레이드_게티이미지코리아	116쪽	보로디노 전투 기념탑_셔터스톡
58쪽	쿼드리거에 붉은 깃발을 게양하는 소련군_위키미디어	118쪽	미하일 쿠투조프의 초상화_위키미디어
59쪽	굳게 닫힌 브란덴부르크 문_위키미디어	120쪽	보로디노 전투를 묘사한 그림_위키미디어
61쪽	나폴레옹의 베를린 입성_위키미디어 / 프랑스와의 전쟁에서 승리하고 돌아오는 프로이센의 군대_위키미디어 / 1945년 브란덴부르크 문의 모습_위키미디어 / 베를린 장벽과 브란덴부르크 문_위키미디어	121쪽	모스크바를 내주기로 결정하는 쿠투조프_위키미디어
		123쪽	1812년 모스크바 대화재_위키미디어 / 화재로 파괴된 모스크바 지역_위키미디어
		124쪽	겨울 궁전_셔터스톡
		125쪽	겨울 궁전 앞 광장_셔터스톡
64쪽	빈 미술사 박물관_셔터스톡	127쪽	가폰 신부_위키미디어
66쪽	막시밀리안 1세의 초상화_위키미디어	129쪽	니콜라이 2세_위키미디어
68쪽	부르고뉴의 마리 초상화_위키미디어	131쪽	겨울 궁전 문_셔터스톡
69쪽	막시밀리안 1세와 그의 가족_위키미디어	132-133쪽	겨울 궁전 전경_셔터스톡
72쪽	빈 미술사 박물관 전경_셔터스톡	133쪽	앙리 마티스의 〈춤〉_위키미디어 / 레오나르도 다 빈치의 〈베누아의 성모〉_위키미디어 / 렘브란트 판 레인의 〈돌아온 탕아〉_위키미디어
73쪽	스페인의 펠리페 4세_위키미디어 / 스페인의 카를로스 2세_위키미디어	134쪽	핀란드 역_셔터스톡
74쪽	하일리겐슈타트의 숲_셔터스톡	137쪽	블라디미르 레닌_위키미디어
76쪽	베토벤이 쓴 하일리겐슈타트의 유서_위키미디어	138쪽	〈이스크라〉 창간호_위키미디어
78쪽	베토벤의 초상화_위키미디어	140쪽	시위하는 러시아 민중_위키미디어
		142쪽	연설하는 레닌을 묘사한 그림_위키미디어
82쪽	베토벤의 장례식에 모인 사람들_위키미디어	143쪽	바스티유 감옥 습격_위키미디어 / 레닌_위키미디어 / 레닌 동상_셔터스톡

어린이를 위한
그랜드투어
마스터 배지

루터의 순수한 분노

비스마르크의 냉철함

선동에 넘어가지 않는 이성과 논리

자만과 절망 금지

막시밀리안의 치열함

베토벤의 불굴의 의지

변화를 읽는 눈

클림트의 도전 정신

미닌과 포자르스키의 애국심

쿠투조프의 물러설 줄 아는 용기

국민을 위하는 마음

레닌의 열정

멍!

2권 마스터 배지 12개 모두 획득! '그랜드투어 마스터'가 된 것을 축하한다옹!

어린이를 위한 그랜드투어 ❷ 동유럽

1판 1쇄 인쇄 2025년 2월 25일
1판 1쇄 발행 2025년 3월 13일

원작 송동훈 **글** 김우람 **그림** 윤재홍

펴낸이 이윤석
사업전략본부장 김대겸
출판팀장 오성임 **책임편집** 하명희
마케팅 김민지, 김참별 **디자인** KL Design **제작** 천광인쇄사
사용연령 8세 이상 **제조연월** 2025년 2월 **제조국** 대한민국

펴낸곳 아이스크림북스
출판등록 2013년 8월 26일 제2013-000241호
주소 (06771) 서울시 서초구 매헌로 16 하이브랜드빌딩 18층
전화 02-3440-4604
이메일 books@i-screamedu.co.kr
인스타그램 @iscreambooks

ⓒ 송동훈·김우람·윤재홍, 2025

※아이스크림북스는 ㈜아이스크림에듀의 단행본 출판 브랜드입니다.
※이 책을 무단 복사·복제·전재하면 저작권법에 저촉됩니다.
※잘못 만들어진 책은 구입하신 곳에서 교환해 드립니다.
※책값은 뒤표지에 있습니다.

ISBN 979-11-6108-758-0(74920)
　　　979-11-6108-831-0(74920)(세트)

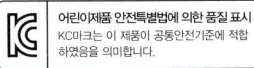